의당 박세화의 단식 순도일기

『창동일기(昌東日記)』

마치 살얼음판을 밟듯 하고 깊은 연못에 다다른 듯이 하며, 몹시도 전전긍긍(戰戰兢兢)해하는 이것은 인인(仁人)이 몸가짐을 삼가는 소이(所以)이다. 위태로운 나라는 들어가지 않아 형벌로 죽임 당함을 면하는 이것은 의사(義士)가 생명을 보존하는 소이이다. 그러므로 한 번 발길을 옮길 때마다 감히 위험을 잊지 않고, 한 번 말을 내뱉을 때에도 감히 위험을 잊지 않으니, 이처럼 근신(謹身)·보생(保生)하는 자로는 인인·의사만 같지는 못하리라! 그러나 넓고 넓은 마음으로 인(仁)에 합당하게 하여 기꺼이 자기를 희생하여 인을 이룸도 있고, 늠름한 모습으로 의(義)에 합당하게 하여 용감히 목숨을 버려서 의를 따름도 있다. 이처럼 자기 몸을 희생하고 목숨을 버리는 자 또한 인인·의사 같지만은 못하리라! 오직 인인·의사만이 능히 위무(威武)에 굴하지 않는다.

| 『자경록(自警錄)』 중에서 |

의당 박세화의 단식 순도일기

『창동일기(昌東日記)』

김종수 역주

혜안

일러두기

1   이 번역본의 원문은 정동휘가 소장본인 『의당집(毅堂集)』 권9에 「자정록(自靖錄)」이라는 제목으로 편집되어 있다. 그러나 편의상 해제 글에서는 『자정록』으로, 번역 부분에서는 『창동일기(昌東日記)』로 각기 표기하였다.

2   서명(書名)은 『 』로, 편명(篇名)·시제목(詩題目)이나 개별 작품은 〈 〉로 표기하였고, 논문 제목 혹은 소제목은 「 」로 표시하였다. 페이지 표시는 '면'으로 통일하였다.

3   국역 창동일기 부분의 각주는 『의당집』·『회당집(晦堂集)』·『직당집(直堂集)』 등과 같은 원전에서 해당 내용과 유관한 자료를 가능한 모두 결집한 결과를 반영하였다.

4   각주 일부를 제외하고 한글[原語] 형식을 취했다.

책머리에

역자가 의당(毅堂) 박세화(朴世和: 1834~1910) 선생의 단식(斷食)을 통한 순도(殉道) 사실을 기록한 『창동일기(昌東日記)』를 처음으로 접하고, 또한 이 저술을 국역하게 된 것은 실로 너무나 뜻밖의 일이었다. 사실 역자는 불과 1년 전만 하더라도 의당 선생의 존재 자체에 대해 희미한 기억만을 겨우 유지하고 있는 정도였다. 당연하게도 박세화 선생이 남긴 문집인 『의당집(毅堂集)』에 대해서도 전혀 접한 바가 없었다. 이처럼 생무지나 진배없는 역자가 의당 선생께 다가서게 된 과정에는 여러 인연들이 겹으로 반연(攀緣)된 결과였다. 특히 충북 제천 세명대학교의 이창식 교수의 매개 역할과 함께, 또한 이 지역의 향토사학자로 출판업을 운영하시는 양승운 사장님의 도움이 크게 작용하였다.

양 사장님으로부터 관련 자료들을 제공받은 역자는 일단 박세화 선생의 삶의 족적이 고스란히 담겨져 있는 「연보(年譜)」와 「행장(行狀)」을 읽어 보기로 마음을 먹었다. 여타 학자들의 문집에 수록된 「연보」·「행장」에 비해 『의당집』의 그것은 분량이 꽤 많은 편으로 약 120면에 달했다. 자료를 조금씩 읽어 나가면서 관직 생활을 전혀 거치지 않은 재야학자(在野學者)다운 의당 선생의 인생 역정에 대한 윤곽이 차츰 잡히기 시작했다. 자료 읽기의 진도가 나아가면서 역자는 의당 선생이 대인(大人)의 풍도(風度)를 갖춘 비범한 인물임을 직감하게 되었다. 의당 선생은 드높은 기상과 단중(端重)한 위의(威儀) 및 흠결 없는 인품, 그리고 학문적 깊이와 통찰력 있는 안목 등을 두루 갖추신 인물이었기 때문이다. 게다가 훌륭한 덕성의 소유자인 선생의 조부·부모님의 극히 교육적인 모습 등도 역자에게 잔잔한 감동을 안겨 주었다. 왕대밭에 왕대 난다는 옛말이 결코 무심한 빈말이 아니라는 사실을 실감할 수 있었다.

자연히 애초 역자가 지녔던 선입견은 사정없이 허물어져만 갔다. 역자는 어쩌면 박세화 선생 역시 20세기 벽두 무렵에 이르도록 정통(正統) 주자학(朱子學)에 매몰된 노론계(老論係) 후예에 불과할지도 모른다는 억측을 행한 적이 있었다. 물론 서세동점(西勢東漸)이라는 당시의 긴박한 시대적 상황 속에서 정통 주자학자가 노정할 수밖에 없는 불가피한 한계점도 더러 포착되기도 했다. 예컨대 의당학은 이른바 서구의 충격(Western Impact)으로 지칭되는 문명담론에 상대적으로 취약한 특성을 안고 있다. 바야흐로 새로운 과학기술에 힘입은 서구 신문명에 의해 동서 문명의 축(軸) 자체가 급전(急轉)하는 추이 속에 편승하고 있었고, 자연히 1차 산업인

농업적 생산양식에 기초한 주자학적 세계 기획은 시효 만기 처분이라는 비운(悲運)의 상황 앞에 직면해 있었던 것이다. 그럼에도 불구하고 의당학을 세부적으로 구성하는 한 축인 인간학 방면의 탁월성과 그 놀라운 성취 정도는 부분적인 한계를 감쇄(減殺)하고도 남음이 있었다. 무엇보다 의당 선생은 자신과 대상 간의 간극을 초극한 물아무간(物我無間)의 경계를 몸소 확연(廓然)히 체득하신 분이기 때문이다.

한편 역자는 지난 2013년 여름철에 「연보」의 후반부인 〈경술조(庚戌條)〉[선생 77세]를 읽는 동안에, 두세 번씩이나 책을 손에서 놓아야만 했던 기억이 새롭다. 그 이유는 글썽이는 눈물 방울로 인해 계속 글을 읽기가 어려웠기 때문이다. 한참을 쉬었다가 다시 책을 손에 잡았음에도 불구하고, 이 같은 현상은 몇 번씩이나 더 반복되었다. 「연보」의 해당 내용은 바로 1910년에 일제(日帝)가 단행한 경술합병(庚戌合倂) 당시에 진리[道]의 이름으로 당당하게 맞선 77세 고령의 의당 선생이 '의를 좇아 단식한'(引義絶粒) 사실을 취급한 대목이다. 역자는 근년에 이르러 그토록 큰 감동을 느껴본 적이 없다. 덩달아 다소 왜소한 체구이셨던 의당 선생의 존재감이 태산(泰山)처럼 크면서, 또한 엄청난 중량감을 갖춘 큰 바위

얼굴로 재형성되기 시작했다. 이참에 역자는 충북 제천시 금성면 사곡리에 위치한 병산영당(屏山影堂)을 탐방해서 의당 선생을 배알(拜謁)하는 나름의 통과 의식도 거쳤다. 그리고 틈틈이 『의당집』을 독파해 나갔고, 마침내 완독을 하게 되면서 의당학의 윤곽을 어느 정도 그릴 수 있게 되었다.

그러던 중에 역자가 『창동일기』에 대한 간략한 설명과 함께, 이 자료를 건네받게 된 시점은 2013년도 12월 중순 무렵이었다. 자료를 접하는 순간에 당해 무더운 여름날에 느꼈던 엄청난 감동이 『창동일기』에 전이되기 시작했다. 떨리는 마음으로 연거푸 2독을 하면서, 역자는 『창동일기』가 상당한 자료적 가치를 내장한 저술임을 간파할 수 있었다. 그리하여 국역 작업을 결심하고 실행에 옮기는 동안에, 이 자료를 둘러싼 다소간의 에피소드가 뒤따르기도 하였다. 아무튼 이 자료의 원문(原文)을 국역서에 게재하는 것을 너그럽게 허락해 주신 정동휘가(鄭東輝家)의 후손이신 정경훈 선생의 배려에 깊은 사의를 표하고자 한다. 또한 이 과정에서 한바탕 홍역을 치르신 제천의 양승운 사장님께는 심심한 위로의 말씀을 드리고 싶다. 덧붙여 스승에 대한 의리를 지키기 위해 지난 30년 세월 동안 매달 두 차례씩의 삭망례(朔望禮)를 묵묵히

거행해 오신 병산영당의 전(前) 도유사(都有司) 안광영(安光榮: 78세) 어르신께도 진중한 경의를 표하고 싶다. 요즘 세상에 이토록 헌신적인 분이 계셨다는 사실 자체가 그저 경이롭게 여겨질 따름이다.

끝으로 국역 『창동일기』의 출판을 흔쾌히 허락해 주신 도서출판 혜안 측에도 깊은 감사의 인사를 드린다. 벌써 몇 차례씩이나 난삽한 역자의 글들을 꼼꼼하게 잘도 챙겨주신 김현숙 편집장님께는 특별한 감사의 인사를 전하고 싶다. 더불어 무려 110년이 넘도록 역사적 존재감이 사실상 묻힌 채 지내온 박세화 선생과 그 문인들의 학문세계를 표상하는 의당학파(毅堂學派)가, 이 국역서의 간행을 계기로 널리 세상에 알려지기를 간절히 바라 마지않는다. 역자는 『의당집』과 『창동일기』를 연달아 읽는 동안에, 의당학파 연구가 더는 진척되지 않는 학계의 현실에 대해 참으로 안타까운 생각이 들곤 하였다. 삼가 이 국역서를 절망스럽고도 암울한 시대를 진리[도(道)]의 이름으로 올곧게 감당하셨던 박세화 선생과 그 문인분들께 정중히 헌정(獻呈)하는 바이다.

'밝은 달 화창한 바람'(霽月光風)을 그리며
2014년 3월 10일에 김종수가 삼가 쓰다

차 례

국역 창동일기 • 53

해 제

1. 『창동일기(昌東日記)』의 구성체계

　　『창동일기(昌東日記)』[1]는 조선 말기의 거유(巨儒)인 의당(毅堂) 박세화(朴世和: 1834~1910)가 1910년(庚戌) 7월 77세의 나이에 진행한 단식(斷食) 기간 동안 전개된 일련의 사실들을 문인(門人)들이 수습(收合)·편집(編輯)한 일기 형식의 저술이다. 다만 필사본으로 정동휘가소장본(鄭東輝家所藏本, 죽하본)인 『의당집(毅堂集)』에 수록되어 있는 『창동일기』를 편집한 주체는 명시되어 있지는 않으나, 박세화의 적전(嫡傳) 제자인 회당(晦堂) 윤응선(尹膺善: 1854~1924)과 직당(直堂) 신현국(申鉉國: 1869~1949) 등의 주도 하에 편집되었을 것으로 추정된다. 실제 정동휘가의 후손인 정경훈 씨의 전언에 의하면 회당 윤응선 이후로 정동휘가로 저술의 소장처가 이전되었다고 한다. 한편 『의당집』 권9에 수록된 『창동일기』의 표지에는 '자정록(自靖錄)'이라는 명칭을 사용하고 있는데,[2] 이는 박세화가

1　「年譜」에는 박세화가 76세 때인 1908년(己酉)에 "호적을 (忠北) 雪城[음성] 萬生山 (주변의) 昌洞으로 옮겼다."(遷籍于雪城萬生山昌洞)고 기술되어 있다. 『毅堂集·附錄』(奈堤文化資料叢書 3) 권9, 「年譜」, 〈己酉條〉, 奈堤文化研究會, 2002, 556~557면. 또한 『昌東日記』 말미의 「愼終錄」에도 "先生自靖于雪城之昌洞精舍."로 기록하고 있다. 따라서 昌東은 '昌洞'의 誤記임에 분명해 보인다.

2　鄭東輝(?)는 박세화 死後에 晦堂 尹膺善과 直堂 申鉉國 양인의 가르침을

"의(義)를 좇아 단식한"(引義絶粒)[3] 사실이 당시 그가 견지했던 자정노선(自靖路線)의 일환으로 평가한 시각을 반영해 준다. 일면『창동일기』는 1906년에 임병찬(林炳瓚: 1851~1916)이 유배지인 대마도(對馬島)에서 면암(勉庵) 최익현(崔益鉉: 1833~1907)의 단식 순국(殉國) 사실을 기록한『대마도일기(對馬島日記)』와 유사한 성격을 지닌 저술로 평가된다.

그런데 박세화는 단식에 착수한 이후로 기식(氣息)이 유지된 마지막 순간까지 문인들을 대상으로 한 경이로운 강론 활동(講論活動)을 병행하였다. 이 점『창동일기』의 가장 특징적인 국면을 형성하고 있다는 사실에서『대마도일기』와는 저술 성격이 일정하게 구분된다. 단식 기간중에 박세화가 진행한 강론 활동은 진리[道]에 대한 무한한 외경심을 누차 환기시켜 주고 있는데, 해당 자료들은『창동일기』의 자료적 가치를 더욱 증장시켜 주고 있다. 총 32면으로 이뤄진『창동일기』는 세로쓰기 형식을 취했고, 대체로 각 면당 10행을 유지하고 있다.

받은 明窩 鄭糾海(1890~1970)의 제자다. 정규해는 主敬 · 去私를 통해 求仁을 추구하는 의당학의 강령을 계승한 인물이었다. 鄭糾海, 『明窩集』(堤川文化資料叢書 15), 「遺事」, 〈明窩鄭先生墓碣銘〉, 奈堤文化研究會, 2008, 541면, "及師晦堂先生, 得聞所傳於毅翁者, 於主敬祛私求仁三者之要." 정규해의 삶과 학문세계에 관한 논의는 정경훈, 「近代 毅堂學派의 한 면모-明窩 鄭糾海의 生涯와 學文觀을 중심으로-」, 『동서철학연구』제53호, 한국동서철학회, 2009, 381~397면 참조.

3 朴世和, 『毅堂集 · 附錄』(奈堤文化資料叢書 3) 권2, 「行狀」, 568면, "遂引義絶粒, 仍作詩以告門人曰 道亡吾奈何……." 박세화의 「행장」은 尹膺善, 『晦堂集(坤)』권14, 「行狀」, 〈毅堂朴先生行狀〉, 445~464면에 게재되어 있다.

『창동일기』는 박세화가 충북 음성(陰城)에서 치욕스러운 경술합병(庚戌合倂) 사실을 접하게 된 정황과 그에 따른 비참한 심회를 토로한 내용, 마침내 자정(自靖: 自盡)을 결의하고 음독 자결을 시도했던 장면 등을 서술한 전반부에 해당하는 1910년 7월 27일 및 8월 1, 2, 3, 4, 5, 6일분의 기록으로부터 시작되고 있다[1~4면]. 이어지는 『창동일기』의 중반부는 실질적인 단식 기간인 8월 6일에서 자정[絕命]한 8월 28일까지의 23일분의 일기로 채워져 있다[4~26면]. 또한 후반부는 이적(異蹟)을 수반한 임종 이후의 상례(喪禮)·장례(葬禮) 기록인 〈신종록(愼終錄)〉[27~30면]과 발문(跋文) 형식을 취한 〈제자정록후(題自靖錄後)〉[31~32면]로 구성되어 있다. 〈제자정록후〉는 문인 신현국이 1944년 8월에 작성한 글인데, "아! 하늘처럼 드높았던" 스승 박세화의 고결한 학덕(學德)을 추념(追念)한 글이다.[4] 이제 총 32면으로 이뤄진 『창동일기』 속에 드러난 내용상의 주요 서술 단위들을 소개하는 순서를 갖도록 하겠다.

4　朴世和, 『毅堂集』 권9(鄭東輝家所藏本), 「自靖錄」, 〈題自靖錄後〉, 32면, "嗚呼, 先生天分高 而志氣英邁 …… 庚戌後三十五年, 甲戌秋八月門人申鉉國追感謹書."'해제' 글에서는 〈창동일기·신종록·제자정록후〉로 구성된 정동휘가 소장본 『의당집』 권9의 체재(體裁)를 따라 '창동일기' 대신에 '자정록'으로 표기하도록 한다.

2. 경술합병(庚戌合倂)과 『창동일기』

　박세화의 문인들이 단식 당시의 스승이 보여준 언행 기록들을 추수적으로 취합하여 편집한 『창동일기』 속에 드러난 주요 서술단위로는 제자·방문객들을 대상으로 하여 진행한 강론 활동이 단연 돋보이는 가운데, 내알(來謁)한 인사들의 면면과 함께 자신과의 인연을 취급한 내용도 일정한 분량을 차지하고 있다. 또한 단식이 진행되는 추이에 따라 박세화의 건강 상태를 묘사한 장면들과 생전의 특이한 일화들을 소개한 내용도 차상위 서술단위를 형성하고 있다. 특히 순차적으로 방문한 내알객(來謁客)들에 대한 언급과 건강 상태를 묘사한 부분 등은 『창동일기』가 단식이 진행되는 추이에 따른 전말(顚末)을 생생하게 기록한 일기임을 확인시켜 주고 있다. 자연히 이 두 서술단위는 일기체 형식을 취한 『창동일기』의 저술적 특징을 가장 잘 대변해 주고 있는 것으로 평가된다.

　그런데 이 모든 사연들이 빚어진 이면에는 일제가 감행한 경술합병, 곧 "일본 오랑캐들에 의한 탄병(呑幷)"이 자리하고 있다. 그러므로 『창동일기』 전반부에 기술된 당시의 절박한 상황을 우선적으로 음미해 봄으로써, 이 저술이 작성된 배경에 대한 이해를 도모할 필요가 있다. 박세화는 76세 때에 기존의 터전이었던 월악산(月岳山) 일대로부터 지금의 충북 "설성(雪城: 음성)의 만생산(萬

生山) 주변의 창동(昌洞)으로 거처를 옮겼는데,"[5] 1910년 7월 27일
에 그곳 마을의 이장 김명록(金命錄)과 문인 김사술(金思述) 양인으
로부터 다음과 같은 비보를 접하게 된다.

"서울의 신문[京報]에서 들으니, 이번 달 25일에 일본 오랑캐가
우리나라를 탄병(呑幷)하기 위해, 군상(君上: 고종)을 위협하여
존호(尊號)를 (李王으로) 폄강(貶降)하였답니다. 또 우리 군상으
로 하여금 국민들을 선유(宣諭)하도록 하는 칙교(勅敎)를 내렸
고, 반적(反賊)들의 유고(諭告) 문자가 본읍(本邑)에도 도착하여
조만간 윤시(輪示)될 것이라고들 하답니다!"[6]

물론 박세화는 이미 일제가 1897년과 1907년에 각기 고종의
연호를 '광무황제(光武皇帝)·융희황제(隆熙皇帝)'로 추존(推尊)한[7]
이유가 "의리(義理)로 높임이 아니라, 겉으로 허위(虛位)로 높이면
서 내실은 병탄(幷呑)을 위한 간계(奸計)"에 지나지 않는다는 사실
을 정확하게 간파하고 있던 터였다. 이처럼 국가적 변고(變故) 사
태를 예감하고 있었던 박세화였기에 "예로부터 망하지 않았던 나

5　　각주 1 참조.

6　　朴世和, 『毅堂集』 권9, 「自靖錄」, 〈戊辰條〉, 1면, "庚戌, 七月二十七日戊
辰. 里長金命錄門人金思述來告曰 聞京報, 則今月二十五日, 日虜呑幷我國, 威脅君
上, 貶降尊號[丁酉, 尊上王, 爲光武皇帝. 丁未, 尊今上, 爲隆熙皇帝. 自今稱上皇,
爲李太王, 稱今上爲李王.], 使我君上, 宣諭國民勅敎, 反賊諭告文字, 來到本邑, 日
間輪示云云."

7　　각주 6 속의 [ ] 참조.

라는 존재하지 않았다."는 사실을 애써 환기시키면서, 또한 국망
(國亡)에 추수되는 "화하(華夏)의 도(道)까지 함께 망하는" 비상한
사태를 맞이하고 큰 충격을 토로하였던 것이다.[8] 박세화는 일제를
"일로(日虜)·도이(島夷)·이적(夷狄)" 등의 단어로 표현하였는데,
이는 "화하의 도"로 지칭된 자신의 정신적 유토피아와는 정반대
개념에 해당한다. 박세화가 견지했던 위정척사론(衛正斥邪論)은
철저히 도(道)의 해명과 수호라는 기조 하에 직조된 일관된 특징이
발견된다.

　　여하간 합병에 대한 전문(傳聞)을 직접 접한 이후로 침식(寢食)이
불편했던 박세화는 며칠 뒤에 "중앙 일간지[京紙]에서 과연 (합병
사실을) 반포하자 산중(山中)에서 호통(號痛)하기를 그치지 않았
다."고 전언하고 있다.[9] 익일에 박세화는 폭건(幅巾)과 심의(深衣)
차림으로 사당(祠堂)을 참배한 자리에서, "이제 도절(道絶)·국망
(國亡)하였으니, 저는 장차 무엇으로 의(義)를 삼아야 하겠습니
까?"라고 구두로 고하면서 목이 메도록 통곡하며 절규하였다.[10]
박세화가 처음으로 "속화(速化)"로 지칭된 자진의지(自盡意志)를 피

8　　朴世和, 『毅堂集』 권9, 「自靖錄」, 〈戊辰條〉, 1면, "先生曰 吾知有此變, 久
矣. 自古未有不亡之國, 然今日不惟國亡, 並與華夏之道而俱亡. 嗚呼, 慟矣. 吾其奈
何. 島夷之追尊吾王者, 非以義理尊之也, 陽尊虛位, 而內實並吞之奸計也."

9　　朴世和, 『毅堂集』 권9, 「自靖錄」, 〈辛未條〉, 2면, "先生自聞此報, 寢啗不
寧. 是日京紙果頒布, 至山中先生, 號痛不已."

10　　朴世和, 『毅堂集』 권9, 「自靖錄」, 〈壬申條〉, 2면, "先生幅巾深衣, 入祠堂瞻
拜, 口告曰 今道絶國亡, 不肖將何以爲義, 因嗚咽哽塞慟哭."

력한 것은 바로 그 다음 날이었고, 그 구체적인 이유로서 "나라의 변고가 이 지경에 이르렀으니, 도맥(道脈)이 영원히 멸절되었기" 때문임을 제시해 두었다.[11] 이윽고 좀 더 시간을 두고 처의(處義) 방안을 모색해도 늦지 않을 것이라는 문인 박해준(朴海俊)의 진중한 권유를 박세화는 아래처럼 일축하면서, 그의 자진 결의가 결코 빈말에 머무를 성질의 것이 아님을 시사해 두었다.

> "그렇지가 않네! 신주(神州: 明朝)가 침입 당해 멸망한 이후로, 유독 우리나라만이 『주례(周禮)』에 의거하여 (『周易』剝卦의) 석과(碩果)의 상(象)을 담당해 왔었다. 그런데 오늘날 강상대도(綱常大道)와 화하정맥(華夏正脈)이 영원히 폐해져 끊기고야 말았네. 나라에 군상[君] 없는 하루가 있을 수 있으며, 인간치고 도(道)를 벗어난 하루가 가당키나 하겠는가? 도(道)를 벗어나 사는 일이란, 심히 수치스러운 일이니, 차라리 하루를 다만 생무지로 지나는 편이 더 나을 걸세!"[12]

평소 박세화가 견지했던 소중화(小中華) 의식의 일단이 가감 없이 노정되어 있는 위의 인용문은 그가 "화하(華夏)"로 표현한 정신

---

11 朴世和, 『毅堂集』 권9, 「自靖錄」, 〈癸酉條〉, 2면, "先生曰 國變至此, 道脉永絶, 吾寧速化, 而溘然不知也."

12 朴世和, 『毅堂集』 권9, 「自靖錄」, 〈癸酉條〉, 2~3면, "朴海俊來謁. 先生曰 國變至此, 道脈永絶, 吾寧速化 而溘然不知也. 海俊曰 禍變將不測, 削禍似不遠, 俟伊時處義, 恐未晚也. 先生曰 不然. 自神州陸沉以後, 我國獨掌周禮, 以當碩果之象矣. 今綱常大道華夏正脈, 永見廢絶, 國可以一日無君乎. 人可以一日離道乎. 離道而生, 可恥之甚, 寧可以一日苟生手."

적 이상세계에 대한 중시 경향과 더불어, 또한 도(道)의 파지와 실천이라는 자신의 지상과제가 동시에 융해되어 있다. 특히 인용 문 후반부에서 거론된 "차라리 하루를 다만 생무지로 지나는 편이 더 낫다."는 언명은, 그가 "내 차라리 속화(速化)하여 돌연 (아무것도) 알지 않겠다."고 토로한 대목과 동일한 문맥으로,[13] 도(道)에 대한 박세화의 무한한 외경심을 확인시켜 주고 있다. 따라서 상기 인용문은 박세화가 단식에 돌입하면서 자진 의지를 피력한 구체적인 이유를 제시해 주는 장면이자, 또한 저술 『창동일기』가 작성된 구체적인 경위를 확인시켜 주고 있다. 당연히도 그 이면에는 전술한 경술합병이 직접적인 원인으로 작용한 결과였음은 두말할 나위가 없다. 이에 박세화는 동년 8월 4일(갑술)에 의연히 "자정(自靖)을 결의하고, 음식을 들이는 것을 허락하지 않는" 비장한 결단을 내리기에 이른다. 문인 박민현(朴玟鉉)이 울면서 간했으나 결심을 거두질 않았다.[14] 익일에도 "올린 음식을 물리칠 것을 명하였고", 단식은 이틀째 그대로 진행되었다.[15]

그러나 단식 3일째를 맞이하면서 장자(長子) 박형교(朴衡敎)가 "눈물을 흘리며 진식(進食)하면서, (드실 것) 간청하기를 그치지 않자," 선생은 "생(生)을 위해서 먹는 것이 아니라, 네가 유감(有

13　각주 11 참조.

14　朴世和, 『毅堂集』 권9, 「自靖錄」, 〈甲戌條〉, 3면, "先生決意自靖, 不許進食. 朴玟鉉泣諫, 不許."

15　朴世和, 『毅堂集』 권9, 「自靖錄」, 〈乙亥條〉, 3면, "進食命退."

憾)이 없기를 위한 따름"이라며 마지못해 허락하였다.[16] 당일 저녁
에 올린 면(麵)도 다시 허락하였으나, 이후로는 두 번 다시 일체의
음식[穀]을 입에 대지 않았다. 자손들이 울면서 음식을 들이자,
이를 허락하지 않으면서 "내 뜻이 이미 정해졌으니, 다시는 그렇
게 하지 말라!"고 명했다.[17] 동시에 박세화는 내알한 문인 임기정
(林基貞)이 "이적(夷狄)의 화(禍)가 비록 극심하나, 사도(斯道)가 영
절(永絶)하는 도리는 없다."는 등의 논리를 제시하면서, "후일을
기다려 보심이 어떠하십니까?"라며 상황을 비교하여 헤아린 의견
을 "일천[尺尋]한 견해"로 일축하면서, 앞서 박해준에게 응답한
논리를 재차 반복해 보이고 "이적(夷狄)의 백성이 되어, 구차스레
시일을 끄는 것은, 내가 심히 부끄럽게 여기는 바"임을 거듭 강조
하였다.[18] 이어서 박세화는 그가 자정[自盡]을 결의한 깊은 의중을
아래처럼 밝혀 두었다.

> "그러나 내가 죽은 뒤에, 오도(吾道)가 영존(永存)할 수가 있다
> 면, 사람들이 나를 일러 '헛되이 죽었다.'고 하더라도, 만만(萬
> 萬) 한스러움이 없을 것이다!"[19]

---

16 朴世和, 『毅堂集』 권9, 「自靖錄」, 〈丙子條〉, 3면, "子衡教涕泣進食, 懇請不
已. 先生强許曰 非爲生而食, 爲汝無憾而已."

17 朴世和, 『毅堂集』 권9, 「自靖錄」, 〈丙子條〉, 3면, "夕進麵, 復許之, 自後不
復穀. 子孫泣而進之, 不許曰 吾志已定, 更無以也."

18 朴世和, 『毅堂集』 권9, 「自靖錄」, 〈丙子條〉, 4면, "林基貞來謁曰 夷狄之禍,
雖極, 斯道無永絶之理, 且削禍朝暮將至, 以俟後日如何. 先生曰 此較量尺尋之見也.
國不可一日無君, 則今日所君者誰. 爲夷狄之民, 而苟延時日, 吾所甚恥也."

박세화는 자신이 감행한 자정 결의가 "우리 도(道)의 영존(永存)"으로 표현된 사안과 직결되어 있음을 시사해 보였는데, 때문에 문인들은 의당이 "인의절립(引義絶粒)"한 사실을 순도(殉道)로 평했던 것이다.[20] 그런데 다음 날 임기정의 질의(質疑)에 "흡사 흐르는 물처럼 강론(講論)"하였던 박세화는 문인이 잠시 밖으로 나가고 곁에 사람들이 없는 틈을 타서, 책상 앞에 반드시 앉은 채 미리 준비해 둔 약으로 음독(飮毒) 자진(自盡)을 시도하기에 이른다.[21]

19　朴世和,『毅堂集』권9,「自靖錄」,〈丙子條〉, 4면, "然我死之後, 吾道永存, 人謂我浪死, 萬萬無恨也."

20　스승 박세화 사후(死後)에 수제자인 윤응선은 "의당 선생의 자정(自靖)을 두고, 모든 사람들이 백이(伯夷)·숙제(叔齊)의 행적에 비기곤 하는데, 이 설(說)은 어떻습니까?"(余旣爲夷齊辨, 客有問曰 毅堂先生自靖, 人皆擬之於夷齊, 其說如何)라는 질문을 접하고, 이하처럼 답변하였다(『晦堂集』(坤) 권9,「雜著」,〈夷齊後辨〉). "예로부터 진실로 망하지 않는 나라는 없었으나, 이 도(道)가 없다면, 과연 사람이 살 수 있겠는가? (夷·齊와 殷의 경우처럼) 나라가 망한 사정은, 비록 똑같다고 하더라도, 백이·숙제의 시대는 난리를 다스려 평화로움[正]으로 돌아가고, 인정(仁)이 폭정(暴)을 교체하는 때였다. 그러나 의당 선생의 시대는 야만으로 인해[用夷] 화하(華夏)가 변질되고, 금수가 인도를 대체하던 때였으니, 이 어찌 같다고 말할 수 있겠는가? 도(道)의 존망(存亡)이 관계된 바가 이와 같았으니, 나라의 존망은 논할 겨를이 없었던 것이다. (따라서) 의당 선생의 처의[義]는 순국(殉國)이 아니라, 바로 순도(殉道)임이 명백하다!"(國固未有不亡, 無是道, 而人可生乎. 國亡, 雖曰均矣. 夷齊之時, 則 撥亂反正, 以仁易暴之日也. 先生之時, 則用夷變夏, 以獸易人之日也, 是可曰同矣乎. 道之存亡所關如此, 則國之存亡, 有不暇論, 先生之義, 非殉國也, 乃殉道也, 明矣) 또한 윤응선은 "저 이른바 도(道)라고 하는 것은 삼강(三江)·오상(五常), 이것일 뿐이다."(夫所謂道者, 三綱五常是已)라고 부연해 두었다.

21　朴世和,『毅堂集』권9,「自靖錄」,〈丁丑條〉, 4면, "丁丑, 基貞侍坐質疑, 先生講論如流. 少間基貞出外, 適侍側無人, 先生飮藥[親自豫備], 要自盡, 對案正坐."

잠시 후에 구토가 시작되고 금방이라도 숨이 끊어질 듯 숨결이 약해졌지만, 다행히 절명만큼은 면할 수 있었다. 야간에 장자인 형교가 미음(米飮)을 올리면서 이르기를, "지금 대인(大人)께서 이러시면, 저는 어찌 살 수가 있단 말입니까?"라며 눈물로 호소하자,[22] 박세화는 흐느끼는 아들을 향해서 다음과 같이 훈계하였다.

"군자는 사람을 사랑하기를 의(義)로써 하거늘, 지금 너는 아비 사랑하기를 사(私)로써 할 뿐이다. 사람치고 죽지 않는 자는 없고, 내 나이도 이제 팔순에 이르렀다. 구차스럽게 사느니보다는, 어찌 돌연히 죽어 더 나은 것만 같겠느냐? 내가 진정 걱정스러운 바는 너의 본병(本病)이니, 절대 이 아비의 처신에 그 본래 지니고 있는 병을 덧씌우지 말거라!"[23]

박세화는 부친의 돌연한 죽음을 한사코 말리려는 장자의 행위를 완치 불가능한 연원 깊은 병인 본병(本病)에 비유하면서 이른바 '사(私)'의 문제를 제기하였음이 주목된다. 기실 "거사(去私)"란 의당학의 일대 강령(綱領)인 "구인(求仁)"을 실현하기 위한 핵심적인 실천 지침에 해당한다.[24] 박세화의 자정 행위를 달리 살신성인(殺

---

22   朴世和, 『毅堂集』 권9, 「自靖錄」, 〈丁丑條〉, 4~5면, "少傾嘔吐, 氣息奄奄, 家人門徒, 蒼皇罔措, 進水不入. 夜間衡敎涕泣, 進米飮曰 今大人如此, 兒何以得生."

23   朴世和, 『毅堂集』 권9, 「自靖錄」, 〈丁丑條〉, 5면, "先生曰 君子愛人以義, 今汝愛之以私而已. 人無有不死者, 而余夕今八十矣. 與其苟生, 曷若溘然之爲愈耶. 吾之所慮者, 汝之本病也. 勿以父之所處, 添其病也."

身成仁)으로 평하는 이유는 바로 이러한 맥락에서다.[25] 박세화는 자신이 평생토록 추구했던 세 범주의 학적 "대규모(大規模)"에 입각하여 효심(孝心)이 깃든 아들의 처사를 엄히 나무랐는데, 이 같은 정황은 의당학(毅堂學)에 내재된 종교적 순수성을 동시에 가늠케 해준다.

화기(火氣)가 가라앉자 차츰 안정을 되찾은 박세화는 다시 일어나 앉은 후에, "내가 속화하려 하였으나, 뜻을 이루지는 못했지만, 어찌 또한 연연함이 있어서 그랬겠는가?"라는 말로써[26] 그의 자진 의지가 확고부동하다는 사실을 거듭 각인시켰다. 집안의 부녀자들이 울면서 음식을 권유하자, 이에 박세화는 "내가 원하는 바는 생(生)보다 더 중함이 있으니, 두 번 다시 그런 말들을 하지 말라!"고 훈시하면서[27] 일체의 사정(私情)이 개입될 여지 자체를 완전히 차단시켰다. 『창동일기』는 이날을 공식적으로 단식에 돌입한 첫날로 셈하였다.

---

24 朴世和, 『毅堂集』 권3, 「雜著」, 〈自警錄〉, 219~220면, "學須要立箇大規模 有三焉, 主敬也去私也求仁也, 否則百聖千賢左右, 於一堂千講萬讀, 不撤於書夜, 吾 未之信也." 48세 때에 지은 『自警錄』은 『溪山問對』(71세)와 함께 저술을 즐겨하지 않았던 박세화가 남긴 양대 著書에 해당한다.

25 권오영, 「『毅堂集』 解題」, 『毅堂集』(奈堤文化資料叢書 3), 奈堤文化研究會. 2002, 18면.

26 朴世和, 『毅堂集』 권9, 「自靖錄」, 〈丁丑條〉, 5면, "火氣息稍定, 起坐曰 吾欲 速化而不得, 豈亦有待而然耶."

27 朴世和, 『毅堂集』 권9, 「自靖錄」, 〈丁丑條〉, 5면, "婦女出見, 涕泣請進飲 食. 先生曰 吾之所欲, 有甚於生, 更勿以爲言."

3. 강론(講論)_ 도 담론(道 談論)

　　앞서 언급한 사실처럼 박세화는 단식 기간 중에 약 50여 명에 달하는 문인들과 내알객들을 대상으로 다양한 주제들을 취급한 강론 활동을 병행하였는데, 이 사안은 『창동일기』의 가장 특징적인 일 국면을 형성하고 있다. 박세화는 평소에도 후생(後生)을 지도할 적에는 "비록 심한 병을 앓고 있더라도, 몸으로 느끼는 질통(疾痛)마저 잊은 채 혈성(血誠)을 다하여 실심(實心)으로 강회(講誨)하는" 열정을 발휘하였을 뿐더러,[28] 또한 천부적으로 설득력 있는 강의 재주를 타고난 인물이었다는 평가를 받기도 한다.[29] 이런 박세화가 단식 기간에 진행한 강론 활동에서는 도(道)의 문제와 관련된 내용들이 주류를 형성하고 있으며, 부수적으로 이 담론과 맞닿아 있는 위정척사론과 유관한 언술들도 간헐적으로 취급하고 있다. 이제 박세화가 수행한 강론 활동에서 주된 내용을 형성하는 도 담론을 재구성하여 간략히 소개하도록 한다.

28　朴世和, 『毅堂集 · 附錄』 권2, 「行狀」, 580면, "以故指引後生, 亦出血誠, 雖甚病不知疾痛之在己, 實心講誨."

29　금장태 · 고광직, 『儒學近百年(1)−기호계열의 도학』, 한국학술정보(주), 2004, 143면 참조.

박세화는 단식 14일째에 이르러 "기력이 점차 쇠미해져 더는 강설(講說)할 수 없는"[30] 상황에 직면하게 된다. 이에 앞서 박세화는 그가 생애 마지막 순간까지 강론 활동을 지속한 이유를 아래처럼 표명해 두었다.

"화기가 치고 올라와 팔다리와 몸이 냉해지고, 가슴 속이 마르고 더워지기 시작하면서, 제대로 심정[情]을 가눌 수 없게 되자 좌우(左右)(의 문인들)에 일러 말하기를, 앞으로는 나의 심중[胸]을 열 수가 없을 것이므로, 꼭 듣고 싶은 것은, 오직 강설(講說)일 따름이니, 그대들은 나를 위하여 질의하도록 하라!"[31]

박세화가 온축한 고결한 정신세계의 일단이 여실히 드러나 있는 위 인용문은 세인들이 의당을 "종장(宗匠)·사표(師表)"로 칭했던 진정한 이유를 실감케 해주고 있다.[32] 박세화는 자신의 죽음 이후로 다시는 질문하지 못할 제자들을 위한 배려를 마지막 순간까지 할애하였던 것이다. 물론 박세화는 "지금 선생께서 가신다면, 소자는 장차 그 누구에게 의귀(依歸)한단 말입니까?"하며 절규하는

---

30 朴世和, 『毅堂集』권9, 「自靖錄」, 〈庚寅條〉, 24면, "庚寅[絶粒第十四日]. 氣力漸微, 不復講說."

31 朴世和, 『毅堂集』권9, 「自靖錄」, 〈戊子條〉, 22면, "戊子[絶粒第十二日]. 火氣上攻, 肢體冷 而心胸燥熱, 不能定情謂左右曰 他無可以開我胸, 所願聞者, 惟講說而已, 第爲我言之."

32 朴世和, 『毅堂集』권1, 「書」, 〈答忠州講會所諸君子(丁酉)〉, 63면, "世和再拜 …… 至若盛諭, 所謂宗匠師表等語, 尤極悚慄, 未知魬賤何以得此."

문인 김사술을 향해서, "백세(百世)의 긴 세월이 지나도 서로 통하는 것은 마음이니, 내가 비록 죽는다 하더라도, 마음은 상통(相通)하니, 어찌 유명(幽明)이 다름을 근심하겠는가?"는 말로써 위로하였다.[33] 그러나 현실적으로 생사의 경계란 엄연한 절연층을 형성하고 있음이 자명하다. 때문에 박세화는 단식 6일째에 접어든 날에도 스승의 증세를 고려하여 질의하기를 주저하는 문인들을 향해서, "나는 지금 도(道)를 위해 죽으려 하니, 명(命)이 끊어지기 전에 강론하지 않는 것은 가당치가 않다. 나의 수명은 아침·저녁 사이에 달려 있으니, 비록 다시 질의하고자 해도, (장차) 들을 수나 있겠는가?"라며 질의를 애써 유도하였던 것이다.[34]

북녘 고향인 함남(咸南) 고원(高原) 지역을 벗어나 남하한 이래로 "도(道)·의(義)를 강론한 지도 (어언) 70여 년이 흘렀으나, 목하 도(道)가 단절되고 나라가 망한 신세(身勢)가 이 지경에 처한"[35] 박세화로서는 당연히 생애 마지막 강설 또한 도(道)를 주된 주제로 취급할 수밖에 없었던 것 같다. 박세화는 도의 범주를 천지(天地)

---

33 朴世和,『毅堂集』권9,「自靖錄」,〈戊寅條〉, 5~6면, "思述曰 …… 今先生逝矣, 則小子將何所依歸乎. 先生笑曰 曠百世 而相通者心也, 吾雖死矣, 心則相通, 何患幽明之有殊乎." 이 언술은「연보」에도 그대로 수록되어 있다(559면).

34 朴世和,『毅堂集』권9,「自靖錄」,〈壬午條〉, 16면, "對曰 氣息如是奄奄, 罔措極矣, 何敢質疑爲也. 先生曰 不然. 吾今爲道而死, 命絶之前, 不可不講也. 吾之命在朝暮, 雖欲復質, 而可得乎."

35 朴世和,『毅堂集』권9,「自靖錄」,〈辛巳條〉, 12~13면, "自北而男, 講道論義, 七十餘年, 而目今道絶國亡, 身勢至此."〈辛巳條〉는『창동일기』에서 가장 많은 지면을 차지하고 있다[9~14면].

의 도와 인간의 도[在人之道]로 대별하였다. 일단 전자와 관련하여
"이른바 도(道)란 일찍이 망(亡)한 적이 없었다."고 운위할 때의
바로 그것을 가리키는 것으로, 그 구체적인 사례로서 "일월(日
月) · 한서(寒暑) · 주야(晝夜)"와 만물이 "나고 자라며 거두고 깊이
간직하는 원래 그대로의 모습들[自若]"임을 열거해 보였다.[36] 이에
반해 인간에게 적용되는 "재인(在人)의 도(道)인 인의예지(仁義禮
智) · 강상대륜(綱常大倫) · 화하정통(華夏正統)은 이제 다시는 존재
하지 않으니, 사람이 도를 벗어나서 살 수 있겠는가?"라는 반문을
통해서, 궁극적 원리(ultimate principle)를 상실한 데 따른 크나큰
좌절감을 토로해 보였다. 더 나아가 "도(道)를 떠나서 사는 것은
금수이니, 우리 인류된 자들은, (장차) 어찌하겠는가? 어찌하겠는
가?"라며 장탄조의 깊은 절망감을 연신 토했다.[37]

  기실 박세화가 지난 을미(1895) 단발령(斷髮令) 당시에 "몸을
바쳐 순도(殉道)하고, 움직이되 미동도 하지 않는, 이것이야말로
금일의 의(義)"임을 확신하며 훈시한 인근 장담(長潭) 지역의 사우
(士友)들에게 보낸 작별 서신[38] 말미에, 굳이 "도(道)와 더불어 같이

---

36 朴世和, 『毅堂集』 권9, 「自靖錄」, 〈辛巳條〉, 13면, "因嘘唏大慟曰 所謂道未
嘗亡者, 指天地之道也, 天地之道, 則日月寒暑晝夜自若, 萬物生長收藏自若."

37 朴世和, 『毅堂集』 권9, 「自靖錄」, 〈辛巳條〉, 13면, "而在人之道, 則仁義禮
智綱常大倫華夏正統, 無復存焉, 人可以離道而生乎. 離道而生, 禽獸也, 爲吾人類
者, 奈何奈何. 痛哭失聲, 在座者皆泣."

38 朴世和, 『毅堂集』 권5, 「雜著」, 〈書示書社同志〉, 312면, "以身殉道, 動不
動, 是 今日義也 …… 乙未冬, 十一月二十八日朝, 毅堂老人書." 장담의 현재 행정
구역은 충북 제천시 봉양읍 공전리 475번지의 장담마을이다. 이 마을에는 자양

죽을 사람"(與道俱亡人)이라는 다섯 글자를 특서(特書)했던 이유 또한 "금일의 처의(處義)"를 미리 시사해 보인 조처였다.[39] 박세화는 『창동일기』에서도 "유자(儒者)의 처의란 전적으로 도(道)의 존망(存亡)에 있는 것이지, 나라의 존망에 달려 있는 것은 아닌가요?"라고 물은 소운(少雲) 한성이(韓星履)의 질문을 접하고, "내 어찌 감히 도와 더불어 존망하는 것[與道存亡]으로 자처(自處)하겠는가? 절필시(絶筆詩)에 (다) 보였네!"라는 에두른 표현을 통해[40] 그가 자정을 결의한 이면에는 진리에 대한 무한한 외경심이 추동(推動)한 결과였음을 다시 한 번 더 확인해 두었다. 그런데 절필시 운운한 부분은 『창동일기』에서 발견되는 가장 극적·감동적인 장면 중 하나에 해당한다. 박세화가 단식 중에 쓴 절필시는 앞서 언급한 의당의 지론, 곧 "재인(在人)의 도(道)인 인의예지·강상대륜·화하정통" 등이 집약되어 제시된 글귀이기도 하다. 그 계기는 박세화의 수제자인 회당 윤응선이 내알을 마치고 "아침 일찍 통곡하면서 작별 인사를 드리고 되돌아가려 하였고," 이에 박세화는 "자네

영당(紫陽影堂)이 위치해 있다. 일찍이 성재(省齋) 유중교(柳重教: 1832~1893)는 자양영당에서 후진들을 양성하였고, 또한 한말의 의병장 의암(毅菴) 유인석(柳麟錫: 1842~1915)은 팔도 유림(儒林)들을 이곳에 모아 비밀회의를 개최했던 곳이기도 하다.

39 朴世和, 『毅堂集』권9, 「自靖錄」,〈辛巳條〉, 14면, "少間呼鉉國曰 乙未削變, 余爲書告訣長潭士友, 年月下特書'與道俱亡人'五字, 今日處義, 以此而已."

40 朴世和, 『毅堂集』권9, 「自靖錄」,〈庚辰條〉, 8면, "星履曰 儒者處義, 全在於道之存亡, 而不在於國之存亡也. 先生良久曰 吾安敢以與道存亡爲自處乎. 示絶筆詩."

가 돌아가 시종(侍終)하게 된다면, 괴로움이 누가 더 크겠는가?"라
는 말로 제자의 마음을 헤아려 위로하며 붓과 벼루를 주문한 데서
비롯되었다.[41] 두 수[二首]의 절필시 중에서 박세화가 순도(殉道)한
배경을 읊은 두 번째의 오언고시(五言古詩)를 가만히 음미해 보도
록 하자.

　　도(道)가 망했으니 내 어쩌겠는가
　　하늘을 우러러 한바탕 통곡하노라
　　자정(自靖)하여 성현(聖賢)께 이 몸을 바치리니
　　아! 그대는 미혹되지 말지어다.[42]

　한편 "화하(華夏)의 한 구역 기자(箕子)의 동방"을 읊은 첫 번째
시는 "사람을 죽이는 흉악한 기운[氛祲]"으로 지칭된 극심한 음(陰)
의 기운이 도덕 광명의 세계이자 양(陽)의 기운을 상징하는 "밝은
달 화창한 바람"(霽月光風)을 몰아낸 형국, 즉 작금의 조선이 처한
암울한 현실을 역철학(易哲學)에 빗대어 묘사한 시로도 평론할 수
있겠다.[43] 실제 의당학의 기저에는 역학적 밑그림이 일관되게 관

41　朴世和, 『毅堂集』 권9, 「自靖錄」, 〈己卯條〉, 6면, "己卯[絶粒第三日]. 氣息
如常. 膺善早朝痛哭告歸. 先生曰 子歸而侍終, 則辛孰大焉. 少傾命進筆硯書七絶五
古二首詩, 以示門人." 당시 윤응선은 모친의 병환마저 매우 위독한 상태였다.
본문의 해당 각주인 37·41·87 등을 참조.

42　朴世和, 『毅堂集』 권9, 「自靖錄」, 〈己卯條〉, 7면, "道亡吾奈何, 仰天一慟
哭, 自靖獻聖賢, 嗚呼君莫惑. 庚戌, 仲秋八月, 毅堂老人絶筆詩."

43　朴世和, 『毅堂集』 권9, 「自靖錄」, 〈己卯條〉, 7면, "詩曰 白頭山色映蒼空,

류하고 있다는 사실을 놓쳐서는 안 된다.[44] 예컨대 신현국이 『주역 (周易)』건괘(乾卦)의 "이로운 바를 말하지 않는다."(不言所利)는 구절과 공자의 언명인 『논어(論語)』의 "하늘은 말하지 않아도, 사시(四時)가 행해지며, 만물이 생(生)해진다."는 구절 간의 의미상의 동이 여부를 스승에게 질의한 대목도 역학을 중시했던 의당학의 기저와 무관하지 않다.[45] 한편 "화하의 한 구역 기자의 동방" 운운한 구절은 박세화가 견지했던 일관된 소중화 의식이 노정된 대목인데, 이 사안과 관련해서도 의당은 『창동일기』에서 보다 상세한 부연 설명을 아래처럼 덧붙여 두었다.

> "(夏·殷·周) 삼대(三代) 이전에는 도(道)가 위에 있었고, 삼대 이후로는 도가 아래에 있었다. 명말(明末)에 이르러서는 도가 중국 바깥에 있었는데, 역외(域外)인 우리 동방에 도가 500년간이나 머무르는 동안에, 위에서 실천하면 아래에서 본받아서, (조금도) 중화(中華)에 부끄러움이 없었으며, (길이) 후세 전할

華夏一區箕子東, 霽月光風何處在, 哭人氣稅太濛濛."『창동일기』의 편집자는 두 편의 시를 접한 소감과 당시 주변의 반응을 이렇게 기술해 두었다. "(시의) 뜻은 슬프고 한탄스러웠으나, 필력(筆力)은 굳세고 건장(健壯)하였다. 소리 내어 한 번 낭송하였는데, 말 소리는 맑고 밝았으며 지조와 절개는 강개(慷慨)하여, 이를 보고 듣는 자들이 송연(悚然)히 감동하지 않는 이가 없었다."(意悽惋, 筆力剛健, 朗誦一遍, 語音淸亮, 志節慷慨, 觀聽者, 莫不竦動.)

44 대표적인 저술로는 「雜著」에 실린 〈講學說〉을 들 수 있다.

45 朴世和, 『毅堂集』권9, 「自靖錄」, 〈戊子條〉, 22면, "戊子[絶粒第十二日]. 鉉國曰 嘗聞易乾卦不言所利四字, 其義與論語天不言, 四時行焉, 萬物生焉, 同一義歟, 曰然."

만한 말들이 있었다. (그런데) 오늘날에 이르러, 또 아래로 내려와 우리 무리들[吾輩]에게 머물러 있으니, 우리가 어찌 도를 떠나서 살 수 있단 말인가?"[46]

동아시아적 도(道)의 이동사(移動史)가 집약된 위의 인용문에서 특별히 주목되는 사실은, 박세화 스스로가 "오배(吾輩)"로 지칭한 의당학단(毅堂學團)을 도(道)의 전수(傳受) 문제에 관한 한 마지막 결사체로 인식하였다는 점일 것이다. 이 점 박세화가 자정을 결의하게 된 중요한 원인(遠因)으로 작용하였을 것으로 추정된다. 실제 박세화는 상기 인용문을 강설한 다음, "세 번을 호통(號慟)하다가, 기식(氣息)이 거의 다해져 다시 자리에 눕게" 되었는데,[47] 이 같은 정황은 도에 대한 박세화의 무한한 외경심과 함께 전도적(傳道的) 사명감을 아울러 확인시켜 주기에 족한 사례로 간주된다.

또한 상기 인용문은 박세화가 단식 6일째를 맞이하던 날에 "나의 기(氣)·신(神)이 차츰 더욱 쇠미해져, 장차 스스로 관건(冠巾)을 손보기가 어려운" 상황에 처하자, 큼직하게 "예의조선(禮義朝鮮)" 네 글자를 두 폭 크기의 큰 종이에 쓴" 후에,[48] 슬피 탄식하며

---

46 朴世和, 『毅堂集』 권9, 「自靖錄」, 〈丁亥條〉, 21면, "丁亥[絶粒第十一日] …… 命起坐坐定曰 三代以前, 道在上, 三代以後, 道在下. 至明末道在外, 而外在我東五百年間, 上行下效, 無愧於中華, 有辭於後世. 至今日, 又下而在吾輩, 吾輩可離道而生乎."

47 朴世和, 『毅堂集』 권9, 「自靖錄」, 〈丁亥條〉, 21면, "號慟者三, 氣息幾盡, 復就臥."

48 朴世和, 『毅堂集』 권9, 「自靖錄」, 〈壬午條〉, 14면, "壬午[絶粒第六日]. 命扶

울면서 "우리 당당(堂堂)한 예의조선이 개·양이 되어 망했으니, 오호라! 차마 더는 말하지 못하겠노라!"며 실성(失聲)하며 통곡했던 장면[49]과 동일한 기조 하에 놓여 있다. 이날 박세화는 "예의조선(禮義朝鮮)" 넉 자 외에도 "중정인의(中正仁義) 네 글자를 써서 문인[賢輩]들에게 주려고 하였으나, 기력이 이미 다하여 더는 무리할 수 없는" 상황에 처해졌다.[50] "생민(生民)의 근본인 인의(仁義)의 도(道)"가[51] 이상적 표준[人極]을 충족시켰음을 뜻하는 "중정인의"[52]는 "예의조선"과 함께 앞서 소개한 "재인의 도인 인의예지·강상대륜·화하정통"을 상징적으로 언표해 주는 문구였기에, 이를 박세화는 전도(傳道)의 책무를 수행하기 위한 차원에서 생애 마지막 순간까지 환기·각인시키고자 노력하였던 듯하다.

起坐, 正冠巾 …… 謂左右日 吾氣神漸至沈微, 將不能自理冠巾 …… 命進筆硯展紙二大幅, 書禮義朝鮮四大字."

49　朴世和, 『毅堂集』 권9, 「自靖錄」, 〈壬午條〉, 14면, "噓唏曰 以我堂堂禮義朝鮮 爲犬羊而亡. 嗚呼, 不忍言也. 因失聲痛哭, 在傍者, 皆泣下."

50　朴世和, 『毅堂集』 권9, 「自靖錄」, 〈壬午條〉, 14~15면, "又命進二大幅紙, 旋止之日 吾欲書中正仁義四字, 以與賢輩矣, 氣力已盡, 不可復强也. 見者, 莫不贊歎."

51　朴世和, 『毅堂集』 권9, 「自靖錄」, 〈壬午條〉, 15면, "先生日 仁義之道, 生民之本, 本亡則人不得以生, 雨露之恩, 生物之澤, 澤絶則物不得以生."

52　박세화에 의하면 중정인의(中正仁義)란 "이 리(理)가 있으면, 이 사람이 있고, 이 사람이 있으면, 이 도(道)가 있으니, 도는 곧 중정인의일 따름"(有是理, 則有是人, 有是人, 則有是道, 道卽中正仁義而已)일 뿐만 아니라, 성인이 정립한 인극(人極)의 의미를 동시에 내포한다. 『毅堂集』 권2, 「書」, 〈答尹君瑞〉, 69면, "人孰不有, 而聖人先得我心之所固有, 以定之於是乎, 人之極立矣."

4. 회고담_ 성인(聖人)을 배우는 길

한편 『창동일기』속에는 『의당집』에서 발견되지 않는 내용들이 다수 채록되어 있기에, 두 저술은 부분적인 상호 보완관계를 유지하고 있는 것으로 평가된다. 예컨대 『창동일기』에 등재된 도가(道家)의 수련법(修練法)에 관한 설명과 박세화의 스승인 이사현(李思峴: 1789~1865)[53]에 얽힌 이면사 등과 같은 소재들은, 『의당집』에 수록되지 않았던 다양한 일화들과 함께 이 저술의 자료적 가치를 더욱 높여 주고 있기 때문이다. 다만 이 같은 서술단위들은 문인들과의 강론 과정에서 자연스럽게 공개되었던 까닭에, 내용적 체계성을 갖추고 있지는 않다. 대신에 해당 서술단위들은 『의당집』의 미비점을 보완해 주는 중요한 자료적 가치를 지니고 있으므로, 그 중에서 "18세 때부터 이미 성인(聖人)을 배우려고 한 뜻을 품었던"[54] 박세화가 청년기 무렵에 거쳤던 사상적 편력 과정에 관한

---

53 이사현의 생몰 연대는 『毅堂集·附錄』권2, 「年譜」속의 관련 기록을 토대로 하여 추산한 결과다.

54 朴世和, 『毅堂集·附錄』권2, 「年譜」, 〈丙辰條〉, 535면, "先生自十八歲, 已有學聖之志, 杜門讀書, 篤於求仁 …… 至是往拜李先生." 지칭된 '李先生'은 매산(梅山) 홍직필(洪直弼: 1776~1852)의 문인이었던 이사현(李思峴)을 일컫는다.

내용을 선별적으로 소개하도록 하겠다.

무엇보다 주목되는 대목은 박세화가 도가의 핵심적 단위인 정(精)·기(氣)·신(神)을 호흡 수련법을 통해서 설명하는 가운데, 한때 그가 장생불사(長生不死) 문제에 지대한 관심을 기울였다는 사실을 회고한 부분이다. 물론 그 이면에는 "성인(聖人)을 배우려고" 갈망했던 소싯 적의 큰 포부가 내밀히 관여하고 있었다. 그 계기는 "주송(朱宋: 朱熹·尤庵) 이래로 상전(相傳)되어 온 지결(旨訣)"인 "직(直)"한 글자를 문인들에게 소개하는 과정에서 우연히 빚어졌다.[55] 이 점 박세화의 당색이 노론계(老論係)의 후예임을 확인시켜 준다. 그러나 박세화는 여타의 당인(黨人)들과는 달리 편협하고도 경색된 태도를 견지하지는 않았다. 예컨대 박세화는 퇴계(退溪) 이황(李滉: 梅翁, 1501~1570)의 「묘갈명(墓碣銘)」 중에서 "대화(大化)를 타고 되돌아간다."는 한 구절을 낭송하면서, "이 어찌 참으로 좋고도 쾌활하지 않은가?"라고 반문하며 제자들을 위로하였다. 또한 의당은 "다만 미처 어진 이들을 만나질 못한 탓에, 학업의 조취(造就: 성취) 이것을 한스럽게 생각한다."는 말로써, 퇴계의 학문세계를 간접적으로 긍정하는 모습을 보이기도 했기 때문이다.[56]

---

55 朴世和, 『毅堂集』 권9, 「自靖錄」, 〈辛巳條〉, 9~10면, "先生曰 朱子易簀前三日, 告門弟子曰, 天地之所以生物, 聖人之所以應萬事, 只是一直而已. 宋子受命時, 亦以是詔門人 …… 此乃朱宋以來, 相傳旨訣也."

56 朴世和, 『毅堂集』 권9, 「自靖錄」, 〈己卯條〉, 7면, "因誦梅翁之言曰, 乘化歸盡, 豈不是大好快活. 但未及見賢輩, 學業造就, 是爲恨也." 실제 『의당집』에는 박

여하간 이 과정에서 박세화는 존재 일반[人·物]의 생성 원리를 제시한 『중용(中庸)』의 해당 전거를 언급하였고, 나아가 "무릇 사람이 하루 밤낮 동안 호흡하는 횟수가 13,500번이며, 호흡하는 기운이 다하면, 명(命)도 곧 끊어진다."는 보충 설명을 통해서, "기(氣)로써 형체를 이루며, 리(理) 또한 품부 받은" 인간의 수명에 대한 견해를 표명하기에 이른 것이다.[57] 그러자 문인 한성이가 곧장 회옹(晦翁: 주희)이 〈조식잠(調息箴)〉을 지은 이유를 질문하였다.[58] 일단 문인의 질의를 접한 박세화는 가칭 수요론(壽夭論)을 둘러싼 설명을 다음과 같이 명쾌하게 제시해 두었다.

> "사람이 오래 살고 일찍 죽음은 모두 정해진 운명이 있는 법! 그러나 품부 받은 기(氣)를 잘 조절하여 기르면 수명을 더 늘릴 수 있고, 덜고 해쳐서 상하게 하면 단명[夭]을 재촉하게 된다. 이는 흡사 사람들이 돈을 쓰는 것과 똑 같은 이치니, 이른바 '수명을 연장하는 일이란 다른 기(氣)를 부익(付益)해서 늘리는 것이 아니다.'는 것일세!"[59]

세화가 『退溪集』을 탐독한 흔적들을 드문드문 남겨 놓고 있다. 한편 인용된 구절은 『退溪集·年譜』(한국문집총간 31) 권3,「附錄」,〈墓碣銘〉중에서 "乘化歸盡, 復何求兮"에 연원한다.

57 朴世和, 『毅堂集』권9,「自靖錄」,〈辛巳條〉, 10면, "又曰 天以陰陽五行, 化生萬物, 氣以成形, 理亦賦焉. 凡人一晝一夜之呼吸, 一萬三千五百番也, 呼吸之氣盡, 則命乃絶矣."

58 朴世和, 『毅堂集』권9,「自靖錄」,〈辛巳條〉, 10면, "星履曰 晦翁何爲 而作調息箴也."

59 朴世和, 『毅堂集』권9,「自靖錄」,〈辛巳條〉, 10면, "先生曰 人之壽夭, 皆有

일견 위 인용문은 박세화가 77세의 고령임에도 불구하고 23일간에 걸친 단식을 지속하면서, 강론 활동을 병행할 수 있었던 중요한 이유의 일단을 짐작케도 해준다. 이에 추가하여 박세화는 장수에 이르는 이상적인 호흡 수련법인 태식(胎息)에 대한 견해를 아래처럼 자세하게 덧붙여 두었다.

"대개 사람은 태어날 때 그 정(精)·기(氣)·신(神)을 갖추게 되는데, 호흡이란 이것이 사라지는 몇 분기(分氣)의 시점인 것이다. 그러므로 내가 타고난 기를 정축(停畜)하되, 그 들숨과 날숨을 조절해서 그 횟수[度數]를 적게 하여야 한다. (度數를) 줄여서 조화로운 상태[和]에 이르면, 자연히 코·입으로 숨 쉬지 않고 배꼽만으로 호흡하게 되는데, 이를 일러 태식(胎息)이라 이르니, 이른바 '수일(守一)하여 조화로움에 처하여, 1,200세를 산다.'는 것은 아마도 이 (태식) 때문일 것이다."[60]

이어서 박세화는 위의 인용문과는 정반대되는 상황, 곧 "만일 지나치게 하여 기를 손상시킨다면, 단명[夭]을 재촉하게 된다는 것 또한 이와 마찬가지다!"는 설명을 추가함으로써,[61] 정·기·신

定命. 然所稟之氣調養之, 則延以壽, 損而傷之, 則捉以夭, 如人之用錢一般也. 所謂延年者, 非付益他氣以延之也."

60 朴世和, 『毅堂集』 권9, 「自靖錄」, 〈辛巳條〉, 11면, "盖人之生, 以其精氣神也. 呼吸者, 是消了幾分氣之時也. 故停畜吾所得之氣, 調其呼吸, 寡其度數, 寡而至于和, 則自然不息于口鼻, 而息以臍, 是之謂胎息也. 所謂守一處和, 千二百歲者, 盖以此也." 소개된 "守一處和, 千二百歲" 부분은 주자가 지은 「조식잠」의 내용 중 일부에 해당한다.

세 단위와 호흡이 결속된 차원에서의 요수론에 대한 강론을 일단락지었다.

그와 동시에 박세화는 그가 도가의 수련법에 큰 관심을 기울이게 된 배경도 아울러 밝혀 두었다. 당연히도 그 이면에는 18세 때에 수립한 스스로 "성인(聖人)을 배우겠다."는 원대한 포부가 내밀히 관여한 결과였다. 이에 박세화는 "천하의 모든 서적을 열람하고, 천하의 모든 일들을 다 알게 되면, 곧 성인의 지위에 도달할 것"으로 확신하였으나, "이 또한 장수한 뒤의 일"임을 자각하게 되었던 것이다.[62] 그리하여 차후 박세화는 "술서(術書)에 뜻을 두지 않은 적이 없었고, 또한 백가서(百家書)를 두루 섭렵하느라 심력(心力)을 허비하기조차 한"[63] 수고로운 사상적 편력 과정을 감수하였다.[64] 물론 이 고백은 박세화가 한갓 "심력을 허비하기조차 한" 방외(方外)의 학문에서 유학(儒學)으로 전회(轉回)하기 이전 시기에 겪었던 체험담을 공개한 것이다.[65] 왜냐하면 문인 임기정

---

61 朴世和, 『毅堂集』 권9, 「自靖錄」, 〈辛巳條〉, 11면, "若過而損傷之, 則夭促者, 亦如此也."

62 朴世和, 『毅堂集』 권9, 「自靖錄」, 〈辛巳條〉, 11면, "余少時自謂學聖人, 因自念欲學聖人, 於天下書, 無不覽, 於天下事, 無不知, 乃可到聖人地位, 此乃壽然後事也."

63 朴世和, 『毅堂集』 권9, 「自靖錄」, 〈辛巳條〉, 11면, "故余未嘗不留意於術書, 繙閱百家, 虛費心力也."

64 朴世和, 『毅堂集』 권9, 「自靖錄」, 〈辛巳條〉, 11면, "故余未嘗不留意於術書, 繙閱百家, 虛費心力也."

65 이상의 사실을 「연보」에서는 20세(1853) 때의 일로 이하처럼 간략히 기록

이 "성학(聖學)은 천(天)에 근본하고, 이학(異學)은 사람에 근본한다."고 설한 말뜻을 묻자, 이에 "성인(聖人)은 천(天)에 근본하고, 불씨(佛氏)는 마음에 근본한다."고 한 주자서(朱子書)의 의미와 동일하다고 평한 대목에서 확인되는 바와 같이,[66] 박세화는 도(道)·불(佛)을 범칭하는 이학[異端]을 객관적 기준을 이탈한 이단으로 규정하고 있었기 때문이다. 뿐만 아니라 실제 박세화가 평생에 걸쳐 주력한 공부론은 명덕(明德) 공부론(工夫論)으로 귀결되는 주자학적 함양(涵養)·성찰론(省察論)이었다. 박세화는 이 공부론에 의거하여 진지하고도 간단 없는 수행을 지속하였고, 그 결과 의당이 심오한 정신세계를 개척한 것은 문집 도처에서 입증된다.

한편 박세화가 방외지학에서 유학으로 전회하는 과정에서 긴요한 길잡이 역할을 담당한 경전은 『중용(中庸)』·『대학(大學)』·『소학(小學)』이었으며, 또한 매산(梅山) 홍직필(洪直弼: 1776~1852)의 문인으로 함남 영흥(永興)에 거처하고 있었던 이사현(李思峴)의 계도(啓導)에 힘입은 바가 컸던 것으로 파악된다. 박세화의 회고에 의하면, "나는 18세 때에 시문(時文)을 물리치고, 한결같이 성인

해 두었다(535면). "先生自以爲學聖人者, 當以無所不知, 無所不能爲己任, 乃博考經史, 汎濫百家, 無不周遍." 이로써 『창동일기』와 『의당집』은 내용상 상호 보완 관계를 유지하고 있다는 사실을 확인하게 된다.

66 朴世和, 『毅堂集』 권9, 「自靖錄」, 〈壬午條〉, 16면, "基貞曰 聖學本天, 異學本人, 何爲也. 先生曰 朱子書言 聖人本天, 佛氏本心, 卽此義也." 문인 임기정이 질의한 내용은 박세화 스스로 "평생 정력(精力)이 여기에 담겨 있다."고 자평한 주저(主著) 『溪山問對(下)』 중에서 "正學本天, 異學本人, 正學仁也, 異端私也."라고 설한 부분이다.

(聖人)되기를 스스로 기약하였으나, 본디 우리 고향은 학자로서 이름이 난 이가 (거의) 없었던 탓에, 독서하는 차제(次第)가 어떠해야 하는지를 알 수가 없었던" 것으로 기술되어 있다.[67] 그리하여 박세화는 매양 『중용』을 읽었고, 또한 그 스스로 "자사(子思) 이후로 홀로 『중용』의 지견(旨見)을 터득했다."고 자부하기도 했었다.[68] 그러던 차에 박세화는 "동류(同類)로부터 문득 성학(聖學)을 권유받게" 되었는데", 그가 펼친 성인론인 "성인[聖]이 어찌 일반 사람들과 유별난 존재이겠는가?"라는 등의 해괴한 설명을 접하고는, 이를 "광망(狂妄)한 견해"로 일축하면서 분명하게 선을 그었다.[69] 자신이 생각하는 이상적인 성인상(聖人像)과는 전혀 차원이 달랐기 때문이다. 왜냐하면 뒤이어서 박세화는 "당시에 매양 성인(聖人)을 배우는 길에는 반드시 의거할 만한 본보기[模捉]가 있을 것으로 생각하곤 하였으나, 그 묘(妙)를 알 수 없었다."는 당혹감을 표명해 두었기 때문이다.[70]

이른바 무사독학(無師獨學) 유형으로 분류됨직한 박세화의 인생에서 이사현과의 인연[71]은 이 즈음에 찾아들었으며, 당시 박세화

67　朴世和, 『毅堂集』 권9, 「自靖錄」, 〈辛巳條〉, 11면, "余十八歲時, 屏去時文, 一以聖人自期, 合下吾鄕不得聞學者之名, 莫知讀書次第爲如何."

68　朴世和, 『毅堂集』 권9, 「自靖錄」, 〈辛巳條〉, 11면, "每讀中庸, 自謂子思後, 獨得中庸之旨見."

69　朴世和, 『毅堂集』 권9, 「自靖錄」, 〈辛巳條〉, 11~12면, "同類輒勸, 以聖學曰, 豈別人乎. 耳目口鼻, 四肢百體, 皆與人同, 有何不及之理乎. 此誠狂妄之見也."

70　朴世和, 『毅堂集』 권9, 「自靖錄」, 〈辛巳條〉, 12면, "又曰 那時每念學聖人, 必有模捉可據者, 而莫知其妙也."

의 나이는 23세였다. 이사현의 존재감에 대한 전문을 듣고, 곧바로 찾아가서 예를 갖춘 박세화는 그로부터 "『소학(小學)』을 기본으로 삼고, 『대학(大學)』을 규모(規模)로 삼으라!"는 지침을 전수받고서, "이에 학문하는 계제(階梯)를 어슴푸레 깨닫게 되었다."고 회고한 사실이 있다.[72] 또한 위학(爲學)의 차제(次第)에 목말라했던 박세화는 곧 "돌아와서 『소학』을 읽고 비로소 차례에 따라 과업(課業)을 정하게" 되었고, 자연 그간의 학적 방황이 종료됨에 따라 "이 옹(翁)으로부터 입은 은혜란 지대한 것이었다."며 심심한 감사를 표해 마지않았다.[73] 차후 박세화는 "23세 때 사현(思峴) 선생을 뵌 이후로, 감히 선 채로 오줌 누지 않았고, 또 비록 실내에 누워 있더라도, 또한 감히 북쪽을 향해 소변을 보지 않았다[不向北尿]"며 지극한 존경심을 표하곤 하였다. 심지어 후자의 말뜻을 묻는 문인 류지혁(柳芝赫)의 질문에 대해 『논어』의 "북신(北辰)이 머무른 곳이기 때문"이라는 구절로 대체하기조차 하였다.[74] 이상의 기록

---

71 어떤 이는 이사현이 이지용(李之容)일 것으로 추정하기도 하나, 이 주장을 그대로 수용하기는 어렵다. 북토(北土)로 지칭된 이지용에 관한 기록으로는 柳重教, 『省齋集』(한국문집총간 324) 권42, 「柯不散筆」, 〈錦川任先生行狀〉, 한국고전번역원, 2007, 355면의 "遺稿凡若干編, 重庵先生, 因北土李之容所編輯, 而重加刪定"이라고 한 대목이 주목된다. 또한 홍직필의 『梅山集』(한국문집총간 295) 권25, 「書」 중에는 〈答李之容〉이 보인다.

72 朴世和, 『毅堂集』 권9, 「自靖錄」, 〈辛巳條〉, 11면, "二十三, 聞永興有李思峴先生[梅山門人], 卽往拜之, 聞小學爲基本, 大學爲規模. 於是怳然覺得爲學階梯."

73 朴世和, 『毅堂集』 권9, 「自靖錄」, 〈辛巳條〉, 11면, "歸而讀小學, 始得循序爲課, 受賜於斯翁, 大矣."

74 朴世和, 『毅堂集 · 附錄』 권1, 「語錄」, 〈柳芝赫錄〉, 522면, "余二十三歲,

들은 「연보(年譜)」의 해당 내용을 보강해 주는 내용으로, "성인(聖
人)을 배우려고 하였던" 박세화의 성학입문(聖學入門) 과정을 소상
하게 확인시켜 주는 자료적 가치를 발휘하고 있다.

見思峴先生之後, 不敢立尿, 雖臥內, 亦不敢向北尿. 芝赫曰 不向北尿何意. 先生曰
以北辰所在也."

5. 내알객(內謁客) 명단 및 〈신종록(愼終錄)〉

『창동일기』에는 단식을 통해 순도(殉道)를 실현하려는 박세화를 내알한 약 50여 명에 이르는 인사들이 언급되고 있다. 물론 이 인원은 자손들과 집안 부녀자를 뺀 숫자로서, 『문인록(門人錄)』이 부재한 의당학파(毅堂學派)의 당시 내부 구성원들의 면면을 살펴보기에 유익한 자료가 아닐 수 없다. 우선, 논의의 편의를 도모하기 위한 방편상 일기 속에 등장하는 면면들을 날짜별로 차례대로 소개해 보면 이하와 같다.

> 7월 27일(戊辰): 김명록(金命錄: 이장)·김사술(金思述: 門人)[75]
> 8월 2일(癸酉): 박해준(朴海俊)
> 8월 3일(甲戌): 박민현(朴玟鉉)
> 8월 4일(乙亥): 임기정(林基貞)
> 8월 5일(丙子): 박형교(朴衡敎: 장자)·임기정(林基貞)
> 8월 6일(丁丑): 임기정(林基貞)·박형교(朴衡敎)
> 8월 7일(戊寅)[*단식 2일째]: 김사술(金思述)·이하영(李夏寧)·

---

75 이하에서는 인명 옆의 [ ]에 특별한 표기가 없는 경우에는 모두 문인(門人) 혹은 문도(門徒)를 지칭한다.

윤응선(尹膺善)·신태학(申泰學)

8월 8일(己卯): 윤응선·신현국(申鉉國)·박용희(朴庸熙)

8월 9일(庚辰): 정진원(鄭震源)·이수영(李守榮)[76]·윤명(尹溟)·한성이(韓星履)[77]·송소용(宋炤用)·이용묵(李容默)·신태학(申泰學)

8월 10일(辛巳): 조상교(趙相敎: 友人)·이사현(李思峴: 스승)·송시열(宋時烈)[78]·한성이(韓星履)·윤제욱(尹濟郁)·신현국(申鉉國)

8월 11일(壬午): 이일영(李日榮)·박해영(朴海英)·심혁록(瀋赫祿)·임기정(林基貞)·신현국(申鉉國)·정진원(鄭震源)·이수영(李守榮)·권봉집(權鳳集)

8월 12일(癸未)[*단식 7일째]: 윤교승(尹教昇)·장현선(張鉉璇)·이종하(李鍾夏)·증손녀·신현국(申鉉國)의 장자[申正淳][79]

---

76 정진원과 이수영은 박세화의 재전(再傳) 제자에 해당하는 인물로서, 윤응선의 문인을 겸했던 듯하다. 〈甲申條〉, 19면, "顧謂震源守榮曰 汝師晦堂, 可謂善學者也."

77 원문에는 "韓少雲星履"로 표기된 인물로서, 소운(少雲)은 호(號)일 것으로 판단된다(8면).

78 이상 세 사람은 내알객이 아닌, 즉 회고담 속에 등장한 과거의 인물이다.

79 당시는 일제(日帝)의 강제 징용을 피하기 위한 방편의 일환으로 조혼(早婚) 풍속이 성행했던 시기였다. 이에 따라 의당은 자신의 생전에 증손녀를 신현국의 장자(長子)와 부부(夫婦)의 연을 맺게 하였다. 17면, "時擧世騷撓, 嫁娶紛紜 …… 曾孫女, 雖未及笄, 吾生前成婚固好, 而今不可得, 遂結婚于申鉉國長子." 신현국은 20세 4월에 오한영(吳漢泳)의 딸인 오씨 부인과 결혼하여 31세 6월에 장자 정순(正淳)을 낳았다. 申鉉國, 『直堂集』(奈堤文化資料叢書 4) 권6, 「附錄·年譜」, 〈戊子·己亥條〉, 奈堤文化研究會, 2002, "四月聘夫人吳氏. 吳氏貫海州學生漢泳女";

8월 13일(甲申): 박기숙(朴紀淑: 父)·박면기(朴冕基: 장손)·정진원(鄭震源)·이수영(李守榮)·윤응선(尹膺善)

8월 14일(乙酉): 이하영(李夏寧)·민강호(閔康鎬: 참판)

8월 15일(丙戌): 박해언(朴海彦)·권승철(權承喆)

8월 16일(丁丑): 신태학(申泰學)·최상룡(崔翔龍)[80]

8월 17일(戊子)[*단식 12일째]: 신현국(申鉉國)·김수홍(金壽弘: 敎官)·김영식(金永植)·최종구(崔鍾龜)

8월 18일(己丑): 김사술(金思述)·김영식(金永植)·양원근(揚源根)·연만우(延萬羽)·장동섬(張東暹)·양재명(梁在明)·김진학(金鎭學)·정지화(鄭地和: 생원)[81]

8월 19일(庚寅): 박제회(朴濟會)·정도원(鄭道源)

8월 20일(辛卯)~24일(乙未): 일체의 기록을 생략하였음.

8월 25일(丙申)[*단식 20일째]: 김창식(金昌植)·주성호(朱星昊)·채동구(蔡東龜)[82]

8월 26일(丁酉)[*단식 21일째]: 자손·문인·집안 부녀자

"六月長子正淳生".

80 최상룡은 스승 박세화의 처의(處義)가 상용(傷勇)의 문제, 즉 "혹여 용기를 손상케 함은 없으신지요?"(或無傷勇也否)라는 질문을 제기한 사람이다(21면).

81 생원(生員) 정지화는 과거 의당과 "삼척[陟州]의 산중에서 함께 거주했던" 인연을 간직한 인물이다(23면).

82 의당은 문인 채동구에게 겨우 목구멍에서 흘러나오는 소리로 "(지난) 봄철에 헤어질 적의 말을, 자네는 아직 기억하고 있는지?"(先生作喉間語謂東龜曰 春間別時語, 汝未之記也)를 물었고, 이에 채동구는 눈물을 흘리며 슬피 울면서, "저는 그때 이미 이런 일이 있을 줄을 예감했었습니다."(東龜涕泣 而對先生曰 吾於那時, 已知有此事爾)라고 대답했다(〈丙申條〉, 24면).

8월 27일(戊戌): 자손 · 문도 · 이원우(李元雨) · 정준원(鄭濬源) · 장파(張波: 최익현 夫人과 內從간)[83] · 신현국(申鉉國)

〈8월 28일(己亥)〉[84]

단식 23일째. 진시(辰時). 선생은 조금도 슬픈 기색 없이 기쁜 듯한 표정으로 화(化)할 뜻을 보이셨고, 마침내 서거하셨다. 영력(永曆) 264년이며, 1910년 8월 28일이다. 전날 밤에 땅이 뒤흔들리는 지진과 함께 짙게 낀 엄청난 안개가 이곳을 가로질렀다. 곡기를 끊은 지 무릇 23일 만에 고종(考終)하신 것이다. 살갗은 헐은 채 파리해졌고 탈구(脫口)가 되어 건조해진 상태였다. 또한 혀는 말라 있어서 차마 말할 수 없을 정도였다. 그런데 역책(易簀)하기 전까지 정신은 아직 보존되고 있어서, 여전히 이불이며 옷깃 주변을 손으로 문지르고 계셨다. 혹은 집안사람들을 문하생으로 착각한 모양으로, "학문에의 정진은 (오직) 절도(節度)일 따름이다."고 강설하기도 하셨다. 그러나 일찍이 형기상(形氣上)의 일에 대해서는 한 마디도 언급하지 않으셨다.[85]

---

83 『창동일기』에는 "張斯文波"로 소개하고 있다. 사문(斯文)은 호로, 장파(張波)는 성명일 것으로 추정되나 미상(未詳)이다. 신현국은 장파를 이하처럼 소개하였다. 25면, "이 어른은 곧 면암(勉庵) 최익현(崔益鉉: 1833~1907) 선생 부인(夫人)과는 내종(內從) 간이십니다. 여러 번 면암의 유배지인 대마도(對馬島)에 다녀오셨는데, 의(義)를 숭상하심이 출중한 분이십니다."(張斯文波來謁. 鉉國告曰 此丈卽崔勉庵夫人之內從也. 累往勉庵謫所, 尙義出人).

84 己亥日은 『창동일기』의 마지막 날짜이므로, 이날 기록은 모두 국역하는 방식으로 대체한다.

이상의 약 50여 명에 이르는 내알객들 중에서 가장 빈번한 출현 횟수를 보인 인물은 신현국·한성이·윤응선·임기정의 순서인 것으로 파악된다. 또한 신태학·정진원·이수영 등이 그 뒤를 잇고 있다. 보다 중요한 사실은 『창동일기』에 등장하는 인물들 대부분이 곧이어 치러진 상(喪)·장례(葬禮)에서 주도적인 역할을 수행하였다는 점일 것이다. 〈신종록〉에 등장하는 약 30여 명 중에서 『창동일기』에 소개되지 않은 이로는 사서(司書)를 담당한 김대기(金大基)와 사화(司貨) 민영래(閔泳徠)·김상직(金相稷) 3인 정도에 불과하다. 따라서 『창동일기』와 〈신종록〉에 등장하는 문인들의 면면은 1910년을 전후로 한 시점에서 의당학파의 「문인록」을 겸하고 있는 것으로 간주해도 무방하다.[86] 이제 마지막으로 〈신종록〉에서 일역(一役)을 담당한 문인들의 이름과 그 소임(所任)을 소개해 두도록 하겠다.

---

85 朴世和, 『毅堂集』 권9, 「自靖錄」, 〈己亥條〉, 25면, "絶粒第二十三日. 辰時. 先生怡然, 無怛而逝. 迺永曆二百六十四年, 庚戌八月二十八日也. 前夜有地震, 大霧橫旦, 絶粒凡二十三日而終. 毁瘠肌脫口燥舌乾, 不能成言. 易簀前精神尙存, 猶摩挲衾領圈, 或倒着對家人門生, 說進學節度而已, 未嘗一言及形氣上事也." 대나무로 만든 침상(寢牀)을 바꾼다는 뜻을 지닌 역책(易簀)은 학덕이 높은 이의 죽음을 뜻한다.

86 물론 이 지적은 당시 의당학파의 구성원이 80여 명 정도에 국한된다는 의미는 결코 아니다. 왜냐하면 박세화가 71세 때인 1904년 9월에 화양동(華陽洞)에서 개최한 강회(講會) 시(時)에는 "문인들 중에서 따라간 자가 200여 명이었다."고 기록되어 있기 때문이다. 朴世和, 『毅堂集·附錄』 권2, 「年譜」, 〈甲辰條〉, 554면, "九月, 設講會于華陽洞. 門人從往者, 二百餘人. 賓友至者, 亦甚盛."

고복(皐復): 신태학(申泰學), 호상(護喪): 이하영(李夏寧)

사서(司書): 정준원(鄭濬源)·이원우(李元雨)·김대기(金大基)

사화(司貨): 박해준(朴海俊)·민영래(閔泳倈)·김상직(金相稷)

집례(執禮): 김창식(金昌植)·주성호(朱星昊)

대축(大祝): 신현국(申鉉國)

상례(相禮): 임기정(林基貞)

소렴시집사(小斂時執事): 채동구(蔡東龜)·이종하(李鍾夏)·신태
　　　　　　　학(申泰學)·최종구(崔鍾龜)

대렴시집사(大斂時執事): 채동구(蔡東龜)·이일영(李日榮)·이원
　　　　　　　우(李元雨)·최종구(崔鍾龜)

빈감(殯監): 김창식(金昌植) 등

　「연보」는 "이윽고 상을 치르자 원근의 사자(士子)와 향리의 친지
들이 애통해하지 않는 이가 없었고, 문인으로 수질(首絰)을 머리에
두르고 심상(心喪)을 한 자가 매우 많았다."고 전한다.[87] 이를 달리
"문인으로 건질(巾絰)을 하고 와서 참여한 자가 80여 명이었다."고
서술해 두었는데, 대체로 이 인원은 『창동일기』와 〈신종록〉에
등장한 인사들을 합친 숫자와 비슷한 수치다. 또한 해당 「연보」에
서는 장례를 치른 "이날 기다란 무지개가 창동에서 장지(葬地)까지
가로지르고 있다가, 한참 뒤에야 사라졌다."며 신비로운 이적(異
蹟)도 아울러 묘사해 두었다.[88] 이는 양의 기운이자 도덕 광명의

87　朴世和, 『毅堂集·附錄』 권2, 「年譜」, 〈己亥條〉, 562면, "旣喪遠近士子,
鄕里親知, 無不哀痛, 門人加麻心喪者甚衆"; 「愼終錄」, 30면, "門人加麻".

88　朴世和, 『毅堂集·附錄』 권2, 「年譜」, 〈十月九日條〉, 562~563면, "門人巾

세계인 "제월광풍(霽月光風)"의 재림을 위해 순도한 박세화의 위대한 영혼이 빛으로 화한 데 따른 법계(法界)의 반향(反響)일 것으로 사료된다.

経來會者, 八十餘人. 是日長虹自昌洞橫旦于葬所, 久而後滅."

참고문헌

朴世和, 『毅堂集』(奈堤文化資料叢書3), 奈堤文化硏究會, 2002.

朴世和, 『毅堂集』(鄭東輝家 所藏本).

申鉉國, 『直堂集』(奈堤文化資料叢書4), 奈堤文化硏究會, 2002.

柳重敎, 『省齋集』(한국문집총간323), 한국고전번역원, 2007.

尹膺善, 『晦堂集』(奈堤文化資料叢書9), 奈堤文化硏究會, 2005.

李滉, 『退溪集』(한국문집총간31), 민족문화추진위원회, 1988.

鄭糺海, 『明窩集』(奈堤文化資料叢書15), 奈堤文化硏究會, 2008.

崔益鉉, 『勉庵集』(한국문집총간326), 민족문화추진위원회, 2001.

洪直弼, 『梅山集』(한국문집총간295), 민족문화추진위원회, 1997.

금장태·고광직, 『儒學近百年(1)-기호계열의 도학』, 한국학술정보
    (주), 2004.

金鍾秀, 「毅堂 朴世和의 『昌東日記』 解題」, 『東方學』 제30집, 한서대
    학교 동양고전연구소, 2014.

한영우 외, 한국사특강편찬위원회 편, 『한국사특강』, 서울대학교출판
    부, 1990.

권오영, 「『毅堂集』 解題」, 『毅堂集(奈堤文化資料叢書3)』, 奈堤文化硏
    究會, 2002.

정경훈, 「近代 毅堂學派의 한 면모-明窩 鄭糺海의 生涯와 學文觀을
    중심으로-」, 『동서철학연구』 제53호, 한국동서철학회, 2009.

국역 창동일기

『창동일기(昌東日記)』[1]

1910년 7월 27일(戊辰)

충북(忠北) 음성읍(陰城邑) 창동(昌洞) 마을[2]의 이장(里長) 김명록

1　정동희가소장본(鄭東輝家所藏本)[죽하본]인 『의당집(毅堂集)』 권9에 수록된 『창동일기(昌東日記)』의 표지에는 '자정록(自靖錄)'이라는 저술명으로 표기되어 있다. 이는 박세화가 실행한 "절립(絕粒)에 의한 자진(自盡) 행위를 당시 의당이 견지했던 자정노선(自靖路線)의 일환으로 평가한 시각을 반영해 준다. 한편 「연보(年譜)」에는 박세화가 76세 때인 1908(己酉)년에 "호적을 (충북) 설성(雪城)[음성군] 만생산(萬生山) (주변의) 창동(昌洞)으로 옮겼다."(遷籍于雪城萬生山昌洞)고 기술되어 있다. 『毅堂集 · 附錄』(奈堤文化資料叢書 3) 권9, 「年譜」, 〈己酉條〉, 奈堤文化研究會, 2002, 556~557면. 또한 『창동일기』 말미의 〈신종록(愼終錄)〉에도 "선생은 설성의 창동정사에서 자정하셨다."(先生自靖于雪城之昌洞精舍)고 기록하고 있다. 이상의 서지 사항에 대해서는 金鍾秀, 「毅堂 朴世和의 『昌東日記』 解題」, 『東方學』 제30집, 한서대학교 동양고전연구소, 2014, 513면 참조. 이하에서부터는 정동휘가소장본 『의당집』 권9의 표지 명인 『자정록』 대신 『창동일기』로 표기하도록 하겠다.

2　박세화가 "호적을 설성(雪城) 만생산(萬生山) 주변의 창동(昌洞)으로 옮긴" 이유와 관련하여 『행장(行狀)』에서는 이하처럼 설명해 두고 있다. 『毅堂集 · 附錄』 권9, 「行狀」, 〈乙酉條〉, 568면, "천하를 돌아보아도 한 조각의 정토(淨土)도 없었다. 이에 문인들이 서로 더불어 모의한 끝에, 설성 창동의 만생산[萬山] 산중으로 옮기게 되었다."(顧天下無一片淨土, 門人相與爲謨, 仍遷于雪城之昌洞萬山中)고 밝혀 두었다. 박세화는 익년인 77세 여름에 "다시 전에 써 둔 원고들을 산정(刪定)하였는데," 이는 그가 모종의 중대한 결심을 하였을 것임을 알리는 신호였다. 『毅堂集 · 附錄』 권9, 「年譜」, 〈庚戌條〉, 557면. 이에 앞서 박세화는

(金命錄)과 문인(門人) 김사술(金思述) 두 사람이 선생께 찾아와서 고하기를, "서울의 신문[경보(京報)]에서 들으니, 이번 달 7월 25일에 일본 오랑캐가 우리나라를 병탄[呑幷]³하기 위해, 군상(君上)[고종(高宗)]을 위협하여 존호(尊號)를 이왕(李王)으로 폄강(貶降)⁴하였답니다. [일제(日帝)는 지난 1897년(丁酉)에는 상왕(上王)을 높여 광무황제(光武皇帝)로 불렀고, 1907년(丁未)에는 지금의 군상을 융희황제(隆熙皇帝)로 존칭하였다. 그런데 근래부터 상황(上皇)을 이태왕(李太王)으로 부르더니, 이제는 군상을 아예 이왕(李王)으로 칭한다.] 또 우리 군상으로 하여금 국민들을 선유(宣諭)⁵하도록 하는 칙교(勅敎)를 내렸고, 반적(反賊)들의 유고(諭告)⁶ 문자가 본읍(本邑)에도 도착하여 조만간 윤시(輪示)⁷될 것이라고들 운운합니다!"라고 하였다.

그러자 선생께서 응답하시기를, "나는 이런 변고가 있을 줄을 안 지가 이미 오래되었네!⁸ 예로부터 망하지 않는 나라는 없었다.

그가 74세 때에 일시 체류했던 경북(慶北) 예천(醴泉)의 건학산(乾鶴山) 산속에서도 "구고(舊稿)를 깔끔히 정리[梳洗]하기" 시작했다. 『毅堂集·附錄』권9, 「年譜」, 〈丁未條〉, 556면.

3　병탄(幷呑)은 다른 나라인 조선의 영토를 한데 아울러서 일본의 소유지로 만듦을 의미한다.

4　폄강(貶降)은 관직 혹은 벼슬의 등급을 떨어뜨림을 의미하나, 여기서는 순차적으로 고종의 존호(尊號)를 깎아내린 일제(日帝)의 행패를 일컫는다.

5　선유(宣諭)란 임금의 훈유(訓諭)를 백성들에게 널리 알리는 일을 말한다.

6　유고(諭告)란 나라에서 결행할 어떤 일을 여러 사람들에게 알려주는 것을 뜻한다.

7　윤시(輪示)는 차례대로 널리 알린다는 뜻이다.

그러나 오늘날에는 비단 나라만 멸망하는 것이 아니라, 아울러 화하(華夏)의 도(道)까지 함께 망하는 것일세.[9] 오호라, 슬프도다! 나는 이제 장차 뭘 어찌해야 할지 모르겠구나! 저 섬나라 오랑캐들이 우리 임금을 높이 받들어 존경함은 의리(義理)로써 높이는 것이 아니요, 거짓으로 유명무실한 허위(虛位)로 높이면서, 내실은 조선을 집어삼키기 위한 간사한 계략에 불과하니, 이른바 '장차 빼앗고자 하거든, 먼저 굳이 주라!'고 하는 것일세.[10] 지난 번 우리 군상을 높이 받들던 날에도, 이 때문에 걱정하지 않은 적이 없었는데, 기어이 이 같은 변고가 유발되고야 말았구나! 하늘이시여! 하늘이시여! 어찌 이 지경에 이르렀단 말입니까?

8 박세화는 1905년에 을사늑약(乙巳勒約)이 체결되자, 이 조약이 합방지계(合邦之計)의 일환으로 강행된 조치임을 직감하고 크게 통곡하면서 이르기를, "합방이 되고 문묘[聖廟]가 훼손된다면, 나라와 도(道)가 함께 망하게 되는 것이니, 우리 유자(儒者)들이 어찌 차마 좌시할 수 있겠는가?"(虜自甲午以來, 攘奪國政 …… 而爲合邦之計. 先生聞之大慟曰 合邦而毁聖廟 則國與道俱亡焉, 吾儒者, 安忍坐視.)라며 비분강개해 마지않았다. 곧 이어서 박세화가 문경(聞慶)의 산중에서 의거(義擧)를 도모하다가 적발되어 구속되어 서울로 이송된 사건도 바로 일제의 이 합방지계 때문이었다. "九月被執於聞慶, 虜轉至漢城見拘."

9 거론된 "화하(華夏)의 도(道)"란 당우(唐虞) 삼대(三代)에서 연원하는 선진적인 중화(中華)의 문물·제도·학술·도덕 일체를 일컫는 표현으로서, 박세화가 견지한 정신적 유토피아에 상응하는 의미를 지닌다. 박세화가 명명한 용하구곡(用夏九曲)은 바로 이 "화하(華夏)의 도(道)"를 표상해 주는 공간이었다. 한편 박세화를 비롯한 조선조 지식인들은 이 도(道)가 명대(明代)까지 전승되어 온 것으로 인식하였다.

10 『노자(老子)』, 「제31장」의 "將欲奪之, 必固與之."에 전거를 둔 구절로, 흔히 권모술수 중의 일계(一計)로 평하곤 한다.

7월 29일(辛未)

선생은 직접 이 비보를 들은 이후부터는 잠자고 먹는 일조차도 마음 편치 않아하셨다. 그런데 이날 서울의 주요 일간지에서 과연 이 사실을 반포(頒布)하자, 선생은 만생산(萬生山) 산중에 이르러 슬피 큰 소리로 울부짖기를 그치지 않으셨다.

8월 1일(壬戌)

팔월 초하룻날. 선생은 폭건(幅巾)과 심의(深衣) 차림으로[11] 사당 (祠堂)에 들어 첨배(瞻拜)[12]하고 구두로 고하여 이르기를, "이제 도(道)가 끊기고 나라가 망했으니, 불초한 저는 앞으로 무엇으로 의(義)를 삼아야 한단 말입니까?"고 하셨다. 그리고는 목이 메이 고 막히도록 소리 높여 슬피 통곡하셨다. 잠시 후에 사당 바깥으로 나와서는 하루 종일 편치 않은 얼굴빛을 하고 계셨다.

---

11   주희(朱熹: 1130~1200)·우암(尤庵) 송시열(宋時烈: 1607~1689) 및 박세화와 그 제자들의 위패를 봉안한 병산영당(屏山影堂)에 소재한 의당의 영정(影幀)에서 확인되듯이, 비단으로 만든 폭건(幅巾)은 머리를 뒤로 쌓아 덮는 두건(頭巾)을 말한다. 과거 귀인(貴人)들이 입는 제복(制服) 중의 하나인 심의(深衣)는 윗도리와 아랫도리가 서로 연결된 특징이 있다. 박세화는 이 차림으로 매달 초하루와 보름날에 가솔[家衆]들을 이끌고 가묘(家廟)에 들러 예를 표하곤 했다. 『毅堂集·附錄』 권2, 「年譜」,〈壬午條〉, 543면, "先生每朔望, 率家衆入家廟參禮." 한편 병산영당은 충북 제천시 금성면 사곡리 404번지에 위치하고 있으며, 정면 5칸 및 측면 3칸을 갖춘 맞배지붕 형식으로 건립되었다.

12   선조(先祖) 혹은 선현(先賢)의 묘소나 사당에 배례함. 눈으로는 영정(影幀)·신주(神主) 등을 우러러보면서 절을 하는 예를 취하기 때문에 '첨배'로 표현한 것이다.

8월 2일(癸酉)

문인 박해준(朴海俊)[13]이 와서 선생을 뵈었다. 선생이 말씀하시기를, "국가적 변고(變故)가 이 지경에 처해져서, 도맥(道脈)이 영원히 단절되었으니, 나는 차라리 속히 화(化)하여, 돌연 아무것도 알지 못하는 편이 더 낫겠다!"라고 하셨다. 이에 박해준이 말하기를, "화변(禍變)은 앞으로도 헤아리기가 어렵고, 짐작컨대 삭화(削禍) 또한 그리 멀지 않은 듯하오니,[14] 좀 더 훗날을 기다리시다가 처의(處義)해도 늦지만은 않을 것 같습니다."라고 답했다.

그러자 선생이 말씀하시기를, "그렇지가 않네! 신주(神州)[명조(明朝)]가 청(淸)나라의 침략을 당해 멸망한 이후로,[15] 유독 우리나라만이 『주례(周禮)』에 의거하여, 『주역(周易)』 박괘(剝卦)에서 설한 석과(碩果)의 상(象)을 담당해 왔었지.[16] 그런데 오늘날 강상대

---

13 문인 박해준은 박세화가 1909년(76세)에 조선을 떠나 서간도(西間島)로 향하려는, 곧 이른바 거국(去國) 구상을 세웠을 당시에 경제적 후원자를 자처하고 나섰던 인물이다. 『毅堂集·附錄』권2, 「年譜」,〈己酉條〉, 557면, "先生謨欲去國入西間島, 爲保守之計, 門人朴海俊出力經紀."

14 달리 박세화가 부모로부터 물려받은 신체를 훼손하는, 곧 이른바 "훼형지화(毀形之禍)"로도 표현한 삭화(削禍) 혹은 삭변(削變)이란 단발령(斷髮令)을 의미한다. 실제 일제는 고종 32년인 1895년(乙未)에 단발령을 강행했다. 박세화는 당해 겨울에 단발령을 피하기 위해 월악산(月岳山)의 지산(支山)인 불억산(茀億山)으로 피신하기에 이른다.

15 신주(神州)는 명(明)나라를 뜻하는 개념으로, 신현국이 쓴 〈제자정록후(題自靖錄後)〉에는 중주(中州)로 표기되어 있다. 반면에 「年譜」,〈丁亥條〉에는 "명말(明末)"로 표기되어 있다(562면, "至于明末, 道在外……").

16 『주역(周易)』 박괘(剝卦)의 상구(上九)의 효사(爻辭)인 "하나의 큰 과일이 나무 꼭대기에 매달려 있으므로, 따먹을 수 없는 형상이다."(上九, 碩果不食)라

도(綱常大道)[17]와 화하정맥(華夏正脈)이 영원히 폐해져 끊겨지고야 말았네. 나라에 군상이 없는 하루가 있을 수 있으며, 인간치고 도(道)를 벗어난 하루가 어찌 가당키나 하겠는가?[18] 도(道)를 벗어나 사는 일이란, 참으로 심히 수치스러운 일이니, 차라리 하루를 다만 생무지로 지나는 편이 더 나을 걸세!"라고 재차 말씀하셨다.[19]

[연보(年譜)][20]: 그러자 선생이 말씀하시기를, "그렇지가 않네! 큰 강령[大綱]이 한 번 실추하면 만 가지 조목[目]도 아울러 뒤엎어지기 마련이네. 강상(綱常)은 우리 도(道)의 명맥(命脈)이요, 화하(華夏)는 우리 도의 본지(本地)이거늘, 작금의 세상은 강상과 화하

고 설파한 구절을 말한다.

17 강상대도(綱常大道)란 삼강(三綱)과 오상(五常)[인의예지신(仁義禮智信)]을 뜻한다. 유학적 견지에서 봤을 때 인륜적 가치보다 더 귀중한 덕목은 있을 수 없기 때문에, 대도(大道)라는 표현을 사용한 것이다.

18 이 구절은 『중용(中庸)』, 「수장(首章)」의 "도(道)란 것은 잠시라도 떠날 수가 없는 것이니, 떠난다면 도가 아니다."(道也者, 不可須臾離也, 可離, 非道也)는 경문(經文)에서 연원한다. 실제 소싯적부터 『중용』을 탐독했던 박세화에게 있어서 「제1장」의 해당 구절은 칸트(I. Kant)의 무상명령[정언명법(定言命法)]과 같은 의미를 지니며, 의당이 보여준 진리[道]에 대한 무한한 외경심을 확인시켜 주는 대목이기도 하다.

19 「행장」에는 이 구절 다음에 이하의 문장이 더 첨가되어 있다. 『毅堂集 · 附錄』 권9, 「行狀」, 568면, "차라리 구차하게 사느니보다는 오랑캐에게 복수하는 백성이 되거나, 차라리 돌연히 화하(華夏)의 귀신이 되는 편이 더 낫지 않겠는가?"(與其苟生 而爲讐夷之民, 無寧溘然而爲華夏之鬼乎).

20 朴世和, 『毅堂集 · 附錄』 권2, 「年譜」, 〈癸酉條〉, 558면.

로부터 영원히 단절되었으니, 인간치고 도(道)를 벗어난 하루가 어찌 가당키나 하겠는가? 도(道)를 떠나 사는 것은, 죽는 것만 같지 못하네!

先生曰 不然. 大綱一墜, 萬目俱倒. 綱常吾道之命脈也, 華夏吾道之本地也, 今焉永絶, 人可以一日離道乎. 離道而生不如無生也.

8월 3일(甲戌)

마침내 선생은 자정(自靖)[21]을 결의하고, 음식 들이는 것을 허락하지 않으셨다. 문인 박민현(朴玟鉉)[22]이 눈물을 흘리며 울면서 간했으나, 끝내 허락하지 않으셨다.

8월 4일(乙亥)

그럼에도 불구하고 음식을 드렸지만, 물릴 것을 명하셨다. 그리고 선생은 곧을 정(貞) 자를 골라서 문인 임기정(林基貞)이 독서하는 서실(書室)의 이름을 정와재(貞窩齋)로 짓고, 또한 이를 기록하

21　운위된 자정(自靖)은 자진(自盡)·자결(自決)·자살(自殺) 등의 개념과 내용상 동의어에 해당하는 말이나, 당시 박세화가 견지했던 자정노선의 연장선에서 "절립(絶粒)"에 의한 자진 행위를 '자정'으로 표현한 것으로 보인다. '자정'의 기준은 의(義)다[以義自靖].

22　문인 박민현(朴玟鉉)은 박세화가 〈도은박공유사(道隱朴公遺事)〉를 작성한 박우선(朴友善)의 장남이다(『毅堂集』 권5, 「遺事」). 어릴 적부터 "노성인(老成人)의 체모(體貌)"가 있다는 평을 들었던 박우선은 박팽년(朴彭年)의 먼 후손으로 1836년에 충북 음성의 도은동(道隱洞)에서 태어났다. 박해영(朴海英)·박해준(朴海俊)은 박민현의 두 아우다.

여 증여하셨다.[23]

8월 5일(丙子)

장자 형교(衡教: 56세)[24]가 눈물을 흘리며 슬피 울면서 음식을
안으로 들이며 드실 것을 간절히 청하기를 그치지 않았다. 그러자
선생은 마지못해 허락하며 말씀하시기를, "살기 위해서 먹는 것이
아니라, 네가 유감(有憾)이 없기를 위할 따름이다."고 하였다. 그
날 저녁에 올린 면(麵)도 다시 허락하였으나, 두 번 다시 곡기[곡
(穀)]를 입에 대지 않으셨다. 자손들이 눈물을 흘리면서 음식을
드렸지만, 이를 허락하지 않으면서 말씀하시기를, "내 뜻이 이미
확고히 정해졌으니, 다시는 그렇게 하지 말라!"고만 하셨다.

---

23 박세화는 임기정의 이름 가운데 정(貞)자를 "바르면서 견고한"(正而固也)이
라는 뜻을 내포한 글자로 해석하였다. 또한 『주역(周易)』의 수괘(隨卦)에서 설한
"수(隨)는 크게 형통하나, 바르게 하여 이로우니, 허물이 없을 것이다."(隨 元亨,
利貞 无咎)에 전거를 둔 훈계, 즉 "정(貞)에 이로울 따름이니, 정하지 못하면
어떻게 허물이 없으리오?"라는 설명을 부연하면서 서재(書齋) 이름을 정와재(貞
窩齋)로 작명하였다. 『毅堂集』 권5, 「雜著」, 〈貞窩記〉, 365~366면, "貞正而固
也, 一部易經, 利于貞而已, 不之貞如之何无咎. 林君公一, 其殆庶幾乎信之甚愛之
篤, 書此以名其室. 嗚呼, 今日何等時耶."

24 박세화는 13세 때에 류량석(劉亮錫)의 여(女)인 강릉유씨(江陵劉氏)와 결혼
하여(『毅堂集·附錄』 권2, 「年譜」, 〈丙午條〉, 533면), 21세가 되던 해인 1854년
2월에 장자인 형교를 낳았다(「年譜」, 〈甲寅條〉, 535면, "二月長子衡教生"). 한편
윤응선이 찬(讚)한 「행장」에 의하면, "형교(衡教)는 성품이 지극히 효성스러워
서, 항상 조심하고 삼가면서도 기쁘고 부드러운 표정을 하였고, 미리 액궁(阨窮)
을 대비하곤 하였으되, 자기 몸을 의식하지 않았던 까닭에, 사람들이 모두 숨은
효자[孝隱]로 칭찬하였다."(衡教性至孝, 常戰兢怡愉, 備嘗阨窮, 而不知有其身, 人
皆稱之以孝隱)라고 기술되어 있다(『毅堂集·附錄』 권2, 「行狀」, 581면).

임기정이 찾아와서 선생을 뵙고 말씀드리기를, "지금 이적(夷狄)의 화(禍)가 비록 극심하나, 사도(斯道)²⁵가 영원히 멸절되는 이치는 없습니다. 또 장차 삭화(削禍)가 조만간에 몰아닥칠 것도 같으니, 뒷날을 기다려 보심이 어떻겠습니까?"라고 건의하였다. 그러자 선생이 말씀하시기를, "자네가 사태를 비교하며 헤아린 의견은 척심(尺尋)²⁶한 견해에 불과하네! 본디 국가란 하루라도 군상이 없어서는 안 되는 것인즉, 오늘날 임금된 자가 과연 누구인가? 저 오랑캐들의 백성이 되어서, 구차스럽게 시일만을 끄는 것은, 진정 내가 심히 수치스럽게 여기는 바이거늘, 하물며 일본 오랑캐들을 군상으로 삼는다면, 흑복(黑服) 차림에 치발(薙髮)을 한 모습,²⁷ 이것은 바로 그 다음 차례의 일이 되고 말 것이다. 그러나 내가 죽은 뒤에 우리 도[오도(吾道)]가 길이 보존될 수만 있다면, 사람들이 나를 두고 '헛되이 죽었다.'고 말하더라도, 만만(萬萬)

25 거론된 사도(斯道)는 뒤의 '우리 도'[오도(吾道)]라는 표현과 함께 유가(儒家)의 도덕을 뜻하는 개념이다. 박세화는 역학(易學)에 의거하여 작금의 시대는 『주역』의 비괘(否卦)의 국면에 처한 까닭에, 사도(斯道)가 심히 위협받는 시기로 진단하였다. 『毅堂集』 권5, 「雜著」, 〈華陽講會日書諭諸君子〉, 313면, "嗚呼, 斯道之在天地, 未免有否泰於其間 而今日則否之極矣."

26 척(尺)·심(尋)은 각기 물건을 재는 단위이다. 척은 한 자를, 두 팔과 두 발을 벌린 길이인 '심'은 일곱 여덟 남짓한 길이를 가리킨다. 『맹자(孟子)』, 「등문공장구(滕文公章句)(하)」편의 제1장에 "한 자를 구부려서 한 길[팔척(八尺), 곧 심(尋)]을 곧게 한다(枉尺而直尋)."는 구절이 보인다. 여기서 "척심(尺尋)한 견해" 운운한 것은 식견이 깊지 못하고 얕다는 뜻이다.

27 흑복(黑服)·치발(薙髮)은 당시 일본인들의 기이한 의복 및 두발 상태를 지칭한 표현이다. 과거 일본으로 사행(使行)에 나섰던 조선 통신사(通信使)들이 남긴 기록인 사행록(使行錄)에도 같은 표현이 자주 발견된다.

여한이 없을 것이네!"라고 대답하셨다.

8월 6일(丁丑): 단식 제1일째[28]

임기정이 선생을 모시고 앉았다가 의심나는 것들을 질문하였다. 질의에 대한 선생의 강론(講論)은 흡사 흐르는 물처럼 거침이 없으셨다. 잠시 뒤에 임기정이 정사(精舍) 밖으로 나가자, 마침 선생 곁에는 모시는 사람이 아무도 없었다. 이 틈을 타서 선생은 친히 스스로 미리 준비해 둔 약(藥)으로 책상 앞에 정좌(正坐)한 채 음독 자진(自盡)을 시도하였다.[29] 잠시 후에 구토(嘔吐)가 시작되고 금방이라도 숨이 끊어질 듯이 기식(氣息)[30]이 가물거렸다. 집안 사람들과 문도(門徒)들이 어찌할 바를 모르고 허둥지둥하다가 마실 물을 드렸으나 넘기지를 못하셨다.

야간에 장자 형교가 눈물을 흘리며 슬피 울면서 미음(米飮)을 드리며 아뢰기를, "지금 대인(大人)께서 이러시면, 이 아들은 어찌 살 수가 있단 말입니까?"라고 하였다. 그러자 선생이 타이르시기를, "군자(君子)는 사람을 사랑하기를 의(義)로써 하거늘, 지금 너는 아비 사랑하기를 사(私)로써 할 뿐이다.[31] 사람치고 죽지 않는

---

28 『창동일기』에는 다음 날인 8월 7일(戊寅)부터 단식 날짜를 기록하고 있다.

29 「연보」에는 "선생이 음독(飮毒)하여 자진(自盡)을 시도하셨다."(先生飮毒要自盡)로 기록되어 있다(『毅堂集 · 附錄』 권2, 「年譜」, 〈丁丑條〉, 558면).

30 기식(氣息)은 들숨 · 날숨인 호흡(呼吸) 혹은 호흡의 기운을 뜻하는 개념이다. 이를 『창동일기』〈신사조(辛巳條)〉에서는 "호흡지기(呼吸之氣)"로 표현했다(10면).

자는 없고, 내 나이도 이제 팔순에 이르렀다. 구차스럽게 사느니보다는, 어찌 돌연히 죽어 더 나은 것만 같겠느냐? 내가 진정 걱정스러운 바는 너의 본병(本病)[32]이니, 절대 이 아비의 처신에 그 본래 지니고 있는 병(病)을 덧씌우지 말거라! 한 가문이 의(義)를 위해 죽음도 참으로 가상한 일이다. 그러니 너는 내가 그냥 죽도록 내버려두라!"고 하셨다.

화기(火氣)가 수그러들면서 차츰 안정을 되찾자 선생은 일어나 앉아서 말씀하시기를, "내가 속히 화(化)하려 하였지만, 그 뜻을 이루지는 못했다. 그러나 또한 어찌 기다리는 바가 있어서, 그러했겠느냐?" 집안 부녀자들이 모두 나와 뵙고서 눈물을 흘리며 슬프게 울면서 음식을 드렸다. 그러자 선생이 말씀하시기를, "내가 죽고자 하는 데는 생(生)보다 더 중한 것이 있기 때문이니, 절대로 다시는 그런 말들을 하지 말거라!"고 하시었다.

---

31 주경(主敬) 공부와 함께 일체의 삿된 흔적을 지우는 거사(去私)는 구인(求仁)을 실현하기 위한 의당학의 핵심 강령(綱領)에 해당한다(『毅堂集』 권3, 「雜著」, 〈自警錄〉, 219~220면, "學須要立箇大規模有三焉, 主敬也去私也求仁也, 否則百聖千賢, 左右於一堂, 千講萬讀, 不撤晝夜, 吾未之信也"). 지금 박세화는 자신이 평생토록 추구해 온 바로 이 학적 강령에 입각하여 맏아들 형교의 애절한 효심을 질타하고 있는 것이다. 한편 48세 때에 지은 『자경록』은 주저(主著)인 『계산문대(溪山問對)』(71세) 및 「강학설(講學說)」(50세) 등의 저서들과 함께 저술을 즐겨하지 않았던 박세화가 남긴 드문 저서에 해당한다.

32 본병(本病)은 완치되지 않고 때때로 도지는 병으로, 본래부터 가지고 있던 병을 지칭한다.

8월 7일(戊寅): 단식 제2일째

　김사술이 나아가 뵙자 선생이 말씀하시기를, "내가 이 고장 창동에 왔을 때에, 나를 알아준 이는 오직 국리(菊吏)[김사술의 호(號)] 자네 한 사람뿐이었지!"라고 회고하셨다. 이에 김사술이 아뢰기를, "그 후로 저는 매일같이 덕(德)에 훈자되어 학업을 청해서, 그 도(道)에 나아가려 애썼었습니다. 그런데 이제 선생님께서 서거(逝去)하신다면, 소자(小子)는 장차 그 누구에게 의귀(依歸)하겠습니까?"라며 애통해하였다. 그러자 선생은 웃으시며 답하시기를, "백세(百世)의 긴 세월이 지나도 서로 통하는 것은 마음이요, '백리나 되는 먼 거리라도 서로 응하는[相應] 것은 기(氣)이니, 내가 비록 죽는다고 하더라도, 기는 반드시 머무를 것이니, 기가 남아 있다면 반드시 서로 응하고, 마음이 남아 있다면 반드시 상통(相通)하리니,'³³ 어찌 유명(幽明)이 다름을 근심하겠는가? 우리 조선(朝鮮)은 500년 동안이나 예의문명(禮義文明)이 중화(中華)에 조금도 부끄러움이 없으리만큼, 당당한 정방(正邦)으로 지내 왔었다. 그러나 이제 그 모든 것이 끝났거늘, 내 어찌 구차스럽게 살아남아 일제 오랑캐를 군상으로 모실 수 있겠는가? 원통하고, 또 원통하도다!"라고 하셨다.

33　앞 문장에 이어서 「연보」에는 ' ' 부분이 추가되어 있기에, 「연보」에서 기술된 부분을 보충하였다. 『毅堂集·附錄』 권2, 〈戊寅條〉, 559면, "跨百里 而相應者氣也, 吾雖死矣, 氣必留焉, 有氣則必相應, 有心則必相通, 何恨幽明之相殊乎." 보충된 구절들은 마음을 기(氣)로 이해하는 주자학적 심성론(心性論)에 입각한 박세화의 관점이 잘 드러나 있다.

문인 이하영(李夏寧)[34]과 윤응선(尹膺善)[35] 두 사람이 와서 선생을 뵈었다.[36] 당시 윤응선은 모친의 병환이 한참 극심한 상태였다. 이에 선생이 말씀하시기를, "자네가 이렇게 찾아와서 서로 만나게 되니, 참으로 기분이 좋네! 그러나 편찮으신 모친 곁을 떠나는 것이 쉽지만은 않았을 것이야!"라며 위로하였다.[37] 그리고 밤새 도록 강론하면서 설명하셨다.

문인 신태학(申泰學)[38]이 선생께 나가서 뵈었다. 선생이 이르시

---

34 박세화는 61세 때인 1894년에 문인 이하영에게 "왕수인(王守仁)의 학술의 잘못을 논한 답서"를 보낸 사실이 있다. 『毅堂集 · 附錄』 권2, 「年譜」, 〈甲午條, 548면, "答門人李夏寧書論王守仁學術之非."

35 회당 윤응선(1854~1924)은 박세당의 적전(嫡傳) 제자로서, 『晦堂集』(奈堤 文化資料叢書 9)을 남긴 인물이다. 『毅堂集 · 附錄』 권1, 「語錄」, 〈尹膺善錄〉 및 『毅堂集』 권2, 「書」, 〈答尹君瑞膺善〉) 등은 윤응선의 학문적 열정과 깊이를 동시 에 가늠케 해준다.

36 이하영의 외동딸이 윤응선의 장남인 윤제욱(尹濟郁)과 혼약을 맺게 됨으로 써 두 사람은 사돈 관계가 된다. 『毅堂集』 권6, 「墓誌銘」, 〈學生李公墓誌銘〉, 446면, "夏寧三男義卿早夭, 義玉義鳳, 一女尹濟郁."

37 윤응선은 8월 1일에 스승 박세화가 단식을 통해 자정을 행한다는 소식을 접하게 된다. 그런데 이때는 마침 윤응선 모친의 환질(患疾) 또한 매우 위독하여 전혀 회복될 가망이 없는 상태였다. 이 같은 상황에서 스승의 절립자정(絶粒自 靖) 소식을 접한 윤응선은 "큰 소리로 슬피 울기를 그치지 않았다."고 전한다. 그러자 모친이 이르기를, "선생의 처의(處義)가 이와 같은데, 너는 장차 어찌 하려느냐?"고 하면서, 아들로 하여금 속히 나아가 생애 마지막 작별인사를 드리 게 조처하였다. 모친의 명을 받든 윤응선은 스승을 내알하고 마지막 명(命)[절필 시]을 받은 후에, 다시 되돌아오게 되었던 것이다(尹應善, 『晦堂集 · 附錄』 권2, 「年譜」, 〈庚戌條).

38 박세화는 서신을 통해서 신태학에게 주경(主敬)으로 근본을 확립하는 가운 데, 늘상 명덕[明命] 공부에 힘쓸 것을 권유한 바가 있다(『毅堂集』 권2, 「書」, 〈與申士文泰學〉, 138면, "願主敬立本, 赫然明命, 常目參倚, 以翼仰愧俯作, 日漸

기를, "사람들이 쌓은 선(善)을 기꺼이 이야기하는 것은 나의 진심
이었다.[39] 〈기효자김한준전(記孝子金漢俊傳)〉을 쓰려고 한 지도 오
래되었는데,[40] 미처 착수하지를 못했네."라고 하셨다. 그리고 이
날에 이르러서야 잘 다듬어서 태학에게 당부하며 맡겼다.

8월 8일(己卯): 단식 제3일째

호흡의 기운은 평상시와 다름이 없었다. 윤응선이 아침 일찍
소리 높여 슬피 울면서 집으로 돌아감을 고했다. 그러자 선생은
응선에게 전하기를, "자네가 돌아가 시종(侍終)하게 된다면, 괴로
움이 누가 더 크겠는가?"라고 하셨다.[41] 조금 있다가 선생은 붓과

少矣"). 실제 동정(動靜)과 체용(體用), 미발(未發)과 이발(已發)을 관통하는 주자
학(朱子學)의 함양(涵養)·성찰(省察) 공부에 주력하면서, 이를 명덕(明德) 공부
론으로 귀결시킨 것은 박세화가 간단(間斷) 없이 지속해 온 수행론의 핵심처에
해당한다. 한편『毅堂集·附錄』권1,「語錄」에〈申泰學錄〉이 보인다(500~504
면).

39 박세화는 이미 18세 때부터 부정척사(扶正斥邪)를 자신의 임무로 삼은 가운
데, "타인의 한 가지 선(善)이라도 발견하면, 반드시 장려하여 권장하였고, 사람
들의 음란[淫]·간사[邪]한 행동에 관한 소문을 들으면, 반드시 타일러서 바로잡
아 주었다."고 전한다.『毅堂集·附錄』,「年譜」,〈辛亥條〉, 534면, "以 扶正斥邪
爲己任, 見人一善, 必獎而勸之, 聞人淫邪, 必警而救之."

40 朴世和,『毅堂集』권6,「記蹟」,〈記孝子金漢俊傳〉, 453~454면 참조. 당시
청풍(淸風) 적곡(赤谷)에 살았던 김한준은 이유 모를 부친의 부당한 횡포로 인하
여 네 번에 걸쳐 아내를 소박맞게 하였음에도 불구하고, 끝내 효심을 저버리지
않은 감동적인 효자로 묘사되고 있다.

41 시종(侍終)은 곁에서 모시면서 임종(臨終)을 지켜본다는 의미다. 여기서는
당시 병환이 위독한 상태였던 윤응선 모친의 임종을 지켜보는 일과 더불어,

벼루를 가져올 것을 명하셨다. 그리고 칠언절구(七言絶句)와 오언
고시(五言古詩)로 된 2수의 시(詩)를 써서 문인들에게 보이셨다.
첫 번째 시에서 이르기를,

　　　백두산색이 푸른 하늘에 비치니
　　　화하(華夏)의 한 구역 기자(箕子)의 동방이라
　　　밝은 달 화창한 바람은 어디에 있는가
　　　사람을 죽이는 흉악한 기운이 너무 심하도다.[42]

라고 하였다. 이어진 두 번째 시는 이러하다.

　　　도(道)가 망했으니 내 어찌 하겠는가

또한 스승인 박세화의 마지막 소식에도 예의 촉각을 곤두세워야만 했던 회당의
괴로운 처지를 아울러 지칭한 언술로 이해된다.

42 朴世和, 『毅堂集』 권9, 「昌東日記」, 〈己卯條〉, 7면, "詩曰 白頭山色映蒼空,
華夏一區箕子東, 霽月光風何處在, 殄人氣殄太濛濛." 이 시는 『毅堂集』 권1, 「詩
(五言)」에 〈自靖詩絶筆〉이라는 시제(詩題)로 등재되어 있다. 한편 박세화는 1898
년(65세)에 수석(水石)의 경관이 빼어난 월악산 용하동(用夏洞) 일대의 계곡을
용하구곡(用夏九曲)으로 명하고, 문인 윤호(尹昊)로 하여금 매 계곡마다 글씨를
새기도록 조치한 사실이 있다(「年譜」, 〈戊戌條〉, 551면). 특히 박세화는 그가
영운담(暎雲潭)으로 명한 소[潭]로부터 수백 보 가량 아래에 위치한 지대의 수석
경관의 명칭을 두고 "제월광풍(霽月光風)"으로 작명하였음이 주목된다(『毅堂集』
권5, 「雜著」, 〈用夏九曲刻字事實〉, 315면, "…… 刻暎雲潭三字, 下數百武許, 水
鳴淸澈, 石白宏張, 可愛刻霽月光風四大字"). 이에 앞서 박세화는 1881년(48세)에
금강산(金剛山)을 유람하던 당시에 송시열(宋時烈)이 쓴 글씨 중에서 "霽月光風更
別傳"이라는 구절을 발견하고, 크게 반가움을 표한 적도 있었다(『毅堂集』 권5,
「雜著」, 〈金剛行程曆〉).

하늘을 우러러 한바탕 통곡하노라
자정(自靖)하여 성현(聖賢)께 이 몸을 바치리니
아! 그대는 미혹되지 말지어다.[43]

경술년, 중추(仲秋) 8월, 의당[44]노인(毅堂老人).

[연보][45]: 윤응선이 두 번 절하고 물러감을 고하자, 선생이 이르시
기를, "지난 18여 년 동안 서로 좋아했던 즐거움이 지금 이 순간에
이르러 끝나는구나! 오직 내 뒤를 잘 맡아줄 것을 바랄 따름이네!"
라고 하셨다. 인하여 목이 메인 채로 큰 소리로 서럽게 우시자,
선생을 모시는 자들이 눈물을 흘리며 슬피 울지 않는 이가 없었다.
膺善再拜告退, 先生曰 十八年相好之樂, 今焉已矣. 惟望善其後也. 因

---

43 朴世和, 『毅堂集』 권9, 「昌東日記」, 〈己卯條〉, 7면, "道亡吾奈何, 仰天一慟
哭, 自靖獻聖賢, 嗚呼君莫惑. 庚戌, 仲秋八月, 毅堂老人絶筆詩."

44 애초 박세화는 "자신의 호(號)를 묵암(默菴)으로 지었으나, 당시 안변(安邊)
부사(府使)였던 김직연(金直淵)이 선생을 마음 속 깊숙이 흠모한 끝에, 간절히
의(毅)자를 권유하면서 선생의 당(堂)에 편액(扁額)을 내걸었고, 또 당기(堂記)를
직접 썼던" 연유로 1879년(46세)에 의당(毅堂)으로 개호(改號)가 이뤄졌다. 『毅堂
集・附錄』, 「年譜」, 〈己卯條〉, 542면, "先生嘗自號默菴. 時金公直淵知安邊府,
甚勸以毅字, 扁先生之堂, 又爲之記." 박세화는 『毅堂集』 권1, 「書」, 〈答金品山直
淵(○知安邊府時)〉를 통해서도 호에 얽힌 일을 밝혀 두었다(50면, "又錫毅字,
以記勉之, 拜受伏讀, 辭意鄭重, 鞭策益勤 ……").

45 朴世和, 『毅堂集・附錄』 권2, 「年譜」, 〈乙卯條〉, 559면. 「연보」에서는 두
번째 시의 바로 다음 위치에 위의 해당 기록이 첨가되어 있기에, 이 부분을
보충하였다. 윤응선을 향한 박세화의 이 당부의 말은 의당학파의 대를 이을
적전(嫡傳) 제자를 확인시켜 주고 있다는 점에서, 매우 중요한 장면으로 평가된
다. 한편 위의 시는 『毅堂集』 권1, 「詩(七言)」에 역시 〈自靖詩絶筆〉이라는 제목으
로 게재되어 있다. 흔히 절필시(絶筆詩)로 약칭한다.

失聲號慟, 侍者莫不涕泣.

　절필시(絕筆詩)에 담긴 뜻은 슬프고 한탄스러웠으나, 필력(筆力)은 굳세고 건장하였다.[46] 선생이 시를 한 번 낭송하셨는데, 말소리는 맑고 밝았으며 지절(志節)은 강개(慷慨)하여 보고 듣는 자들이 경이로운 듯 감동하지 않음이 없었다.

　신현국(申鉉國)[47]과 박용희(朴庸熙)가 와서 선생을 뵈었다. 두 사람은 울면서 선생께 고하기를, "중로(中路)에서 선생님의 절립(絕粒) 소식을 접하고, 하루 종일 걱정하였습니다. 그러나 단식에 착수한 선생님의 뜻에 흔쾌히 동의하기가 어려웠는데, 이처럼 경해(警咳)를 받들 수 있어서 무척이나 다행스럽습니다!"라고 하였다. 그러자 선생은 이들의 손을 잡고 앞으로 나오게 해서 말씀하시

46　박세화는 취학(就學)하기 이전인 7세 때 어깨 너머로 "서법(書法)을 터득하여 필력이 매우 건장(健壯)하였고, 또 자획(字畫)이 이미 체양(體樣)을 형성하여, 사람들이 칭상(稱賞)하지 않음이 없었다."고 전한다. 『毅堂集·附錄』, 「年譜」, 〈更子條〉, 531면, "解書法筆力甚健, 字畫已成體樣, 人莫不稱賞."

47　직당(直堂) 신현국(申鉉國: 1869~1949)은 윤응선의 뒤를 이은 박세화의 적전 제자에 해당하는 인물로서, 저술인 『直堂集』(上·下)를 남겼다. 『毅堂集·附錄』권1, 「語錄」에 〈申鉉國錄〉이 보이며, 『창동일기』의 발문(跋文) 격인 〈제자 정록후(題自靖錄後)〉를 썼다. 또한 신현국은 지난 1905년에 스승 박세화가 거의(擧義)를 도모하다가 문경(聞慶) 병참(兵站)에 구속되자, 문인 이수영(李守榮) 등과 함께 목숨을 걸고 해당 병참에 투서(投書)하여 항의한 사실이 있다. 특히 신현국·이수영은 일본군 병참의 우두머리를 심하게 욕하여 구속된 끝에, 대구(大邱)에서 3개월 동안의 옥살이를 치러야만 했다. 『毅堂集·附錄』권2, 「年譜」, 〈乙巳條〉, 555면, "在聞慶時, 門人申鉉國李守榮, 以捐生赴難之義, 投書兵站, 仍大罵賊酋, 亦被執, 轉至大邱, 歷三箇月而得還." 신현국은 박세화가 단식을 진행하던 기간중에도 시종 스승의 곁을 떠나지 않았다.

기를, "그대들이 이렇게 찾아서 온 것은 참 잘한 일이네. 지금
이 순간 기류(氣類)[48]가 서로 감응하여, 이와 같은 만남이 이뤄진
것이니, 또한 좋지 아니한가? 나는 이제 명(命)을 마치려 하거니
와, 조금도 여분의 유감(有憾)은 없다네!"라고 하셨다. 그리고는
매옹(梅翁)[이황(李滉: 1501~1570)]이 쓴 「묘갈명(墓碣銘)」 중에서
"대화(大化)를 타고 되돌아간다."는 한 구절을 낭송하며 소개하면
서,[49] "이 어찌 참으로 좋고도 쾌활하지 않은가? 다만 미처 어진
이들을 만나질 못한 탓에, 학업의 조취(造就) 이것만은 한스럽게
여겨진다."라고 토로하셨다. 실은 이는 선인들이 남긴 말씀을 그
대로 전한 것이다.

8월 9일(庚辰): 단식 제4일째

집안 부녀자들이 모두 나와 선생을 뵙고 눈물을 흘리며 슬프게
울었다. 이에 선생은 말씀하시기를, "금일의 이 일을 너희가 어찌
알겠는가? 내가 수호하고자 하는 것은 도(道)이니, 이미 도(道)를
위해 죽음을 선택했다면, 다시 어찌 원통함이 있겠는가? 그러니
너희들은 그 조금도 한스러워하지 말거라!"라고 하셨다. 그런 다

---

48 기류(氣類)란 마음이 서로 맞은 사람이나, 혹은 서로 의기가 투합(投合)하
는 사람을 뜻한다.

49 『의당집』에는 박세화가 『퇴계집(退溪集)』을 탐독한 흔적들이 더러 발견된
다. 본문에서 인용한 구절은 『退溪集·年譜』(한국문집총간 31) 권3, 「附錄」,
〈墓碣銘〉 중에서 "乘化歸盡, 復何求兮"에 그 전거를 두고 있다.

음에 선생은 자신을 부축하여 일어나 앉게 할 것을 명하셨다. 그리고 대야를 가져오게 해서 세수하고 머리를 단정히 빗었다. 또한 관·건(冠巾)을 가지런하게 한 후에 〈화상자경(畫像自警)〉[50]을 한 번 낭독하셨다. 빈객(賓客) 및 문인들 중에 찾아와서 선생을 뵌 자들이 매우 많았는데, 선생은 이들과 일일이 답응(答應)하였을 뿐만 아니라 강설(講說) 또한 여느 때의 하루같이 진행하셨다. 이 광경을 지켜본 자들이 모두 감탄하면서 이르기를, "우리 선생께서는 참으로 백두산(白頭山) 정기(精氣)를 타고 나신 분이시다!"라고들 하였다.[51]

정진원(鄭震源)·이수영(李守榮)·윤명(尹溟) 세 사람이 나가서 선생을 뵈었다. 그리고 소운(少雲) 한성이(韓星履)[52]와 송소용(宋炤

---

50 〈화상자경(畫像自警)〉이란 『毅堂集』 권9, 「雜著」, 339면의 〈서화상자경(書畵像自警)〉을 가리킨다. 65세 때인 1898년 가을에 문인 윤헌이 선생의 화상을 그렸다(「年譜」, 〈戊午條〉, 551면, "門人尹鑢 繪先生像"). 이에 박세화는 65세 나이에 접어든 자신의 변모한 모습을 보고서 "얼굴이며 머리털이 어리석고 초췌하기가 이와 같은데, 남은 세월을 돌아보노라니, 그 얼마인가? 애오라지 이 글을 써서 스스로를 경계한다."(戊午秋友人尹鑢, 爲余寫眞時, 年六十五. 容髮恫悴如此, 顧餘景幾何, 聊書此以自警)라는 취지에서, 준엄한 자기 성찰을 위한 용도의 〈화상자경〉을 작성하기에 이르렀던 것이다.

51 박세화는 "1834년 3월 10일 술시에 함남(咸南) 고원군(高原郡) 남흥리(南興里)에서 태어났다."(『毅堂集·附錄』 권2, 「年譜」, 〈甲午條〉, 529면, "三月十日乙亥[戌時], 先生生于高原郡南興里第." "백두산(白頭山) 정기(精氣)" 운운한 부분은 의당이 비교적 백두산과 근접한 지역인 함경도에서 출생했기 때문에 에둘러 빗댄 표현이다.

52 소운 한성이는 연세대학교 도서관 소장본인 2책으로 된 『소운미정고(少雲未定稿)』를 남겼으나, 여타의 신상 정보는 자세하지 않다. 다만 박세화의 답신(答信)이 『毅堂集』 권1, 「書」, 〈答韓公辰星履〉, 57~58면에 수록되어 있다. 한편

用)·이용묵(李容默) 등도 와서 선생을 배알했다. 이들 중에서 한성이가 질의하기를, "유자(儒者)의 의(義)에 따른 처신은 전적으로 도(道)의 존망(存亡)에 달려 있는 것이지, 나라가 존속하고 멸망하는 데에 계루된 것은 아닙니까?"라고 하였다. 질문을 접한 선생은 한참 있다가 대답하시기를, "내 어찌 감히 도(道)와 더불어 존망하는 것으로써 자처(自處)할 수 있겠는가? 절필시에 다 보였네!"라고 하셨다.

그러자 한성이가 잠시 동안 밖으로 나가서 좌우의 사람들에게 일러 말하기를, "우리 선생님의 의(義)에 따른 처신은, 참으로 만리나 되는 먼 거리라도 밝게 비추실 만도 하여, 한 점 흠결도 없으시나, 저희 후생(後生)들은 마땅히 어찌해야 좋을지 모르겠습니다!"라고 하였다. 그런 뒤에 한성이는 신태학에게 절필시의 운(韻)을 요청하였다. 한성이는 곧장 호운(呼韻)하면서 말하기를, "살신성인[成仁]한 군자의 일이니, 이 일이 몹시도 애통스럽기는 하지만, 모름지기 울면서 곡(哭)을 해서는 안 됩니다. 우리의 도(道)가 여기에 머물러 있으니, 백세 이후를 기다리더라도 응당 조금의 의혹도 없을 것입니다!"라며 확신해 마지않았다.

한성이가 저녁 무렵에 암송하여 선생께 고해 드리니, 이를 선생은 나지막한 소리로 한 번 읊으면서 말씀하시기를, "대저 공자(孔子) 문하(門下)에서 사람들을 가르칠 적에 반드시 인(仁)을 말하곤

한성이는 의병장(義兵長) 우형도(禹亨道: 1688~1750)의 비명(碑銘)을 작성하기도 했다.

하는데, 인(仁)이란 과연 어떤 의미인가?"하고 반문하셨다. 이윽고 또 말씀하시기를, "은(殷)나라에 세 사람의 어진 이가 있었는데, 그 처신한 바가 각자 달랐음에도 불구하고,[53] 똑같이 인(仁)으로 귀결되었었지!"라고 하셨다. 또 말씀하시기를, "도리에 합당하여 사심(私心)이 없다면, 곧 바로 인(仁)이 되는 것이다.[54] 사람이 죽는다는 것은 진실로 어려운 일이나, 혹시라도 명예를 위하는 마음이 남아 있어서 죽는 자는 인(仁)이 아니다."고 강설하셨다.

8월 10일(辛巳): 단식 제5일째

선생은 자신을 부축하여 일으켜서 앉힐 것을 부탁하셨는데, 곁에서 시중을 드는 이들이 무척 많았다. 좌정한 뒤에 선생이 말씀하시기를, "주자(朱子)가 역책(易簀)[55]하기 사흘 전에 문하의 제자들에게 고하여 훈시하기를, '천지(天地)가 만물을 낳는 이유와 성인(聖人)이 만사에 응하는 소이(所以)는, 다만 직(直) 한 글자일 따름이다.'라고 했다. 송자(宋子)[송시열(宋時烈)]가 왕명을 받을 때에,[56]

---

53 인용한 구절은 『논어(論語)』, 「미자(微子)」편 제1장에 나오는 "孔子曰 殷有三仁焉"에 전거를 두고 있다. 삼인(三仁)은 각기 미자·기자(箕子)·비간(比干)을 지칭한다. 제1장에서는 이들 세 사람의 상이한 처신 내용과 관련하여, "미자는 떠나가고 기자는 종이 되었으며, 비간은 간언하다가 죽었다."(微子 去之, 箕子 爲之奴, 比干 諫而死)고 서술해 두었다.

54 각주 31 참조.

55 대나무로 만든 침상(寢牀)을 바꾼다는 뜻을 지닌 역책(易簀)은 학덕이 높은 이의 죽음을 뜻한다.

또한 이 직자(字)로써 문인들을 가르쳤다. 요컨대 여러 동지(同志)들과 더불어 함께 이 직(直)을 지켜서, 절대 잊지 말아야 하니, 이것이 바로 주자(朱子)·송자(宋子) 이래로 상전(相傳)되어 온 지결(旨訣)이기 때문이다!"라고 하셨다.[57]

이윽고 또 설하시기를, "하늘은 음양(陰陽)·오행(五行)으로써 만물을 변화·생성(化生)하되, 기(氣)로써 형체를 이루고 리(理) 또한 부여하였다.[58] 무릇 사람이 하루 밤낮 동안에 호흡(呼吸)하는 횟수가 13,500번이니, 호흡하는 기운이 다하면, 명(命)도 따라 곧 끊어진다."고 하셨다. 이에 한성이가 질문하기를, "회옹(晦翁)[주자]은 무엇 때문에 〈조식잠(調息箴)〉을 지으셨습니까?"라고 하였다.[59] 질문을 접한 선생은 말씀하시기를, "사람이 오래 살고

---

56 기사환국(己巳換局)이 유발된 1689년 6월에 송시열이 국문(鞫問)을 받기 위해 유배지인 제주도(濟州道)에서 서울로 압송되던 도중에, 전라도(全羅道) 정읍(井邑)에서 사약(死藥)을 받고 죽음을 맞이하던 순간을 가리킨다. 權尙夏, 『寒水齋集 2』 권34(한국문집총간 151), 「年譜」, 〈癸酉條〉, 민족문화추진위원회, 1986, 158면, "癸酉初八日, 尤庵先生受命于井邑, 先生遵遺命治喪."

57 박세화는 64세 때인 1897년에 〈주부자화상찬(朱夫子畵像贊)〉 및 〈송우암선생찬(宋尤庵先生贊)〉을 작성하고, 이를 자신의 서루(書樓)에 봉안하였다(『毅堂集·附錄』 권2, 「年譜」, 〈丁酉條〉, 550면). 한편 수암(遂菴) 권상하(權尙夏: 1641~1721)에 대한 존념 또한 지극한 수준이었다(『毅堂集』 권5, 「雜著」, 〈華陽講會日記〉, 331면, "又有揭板記文, 遂翁作也. 余感興撫跡, 想像老先生 ……").

58 『중용장구(中庸章句)』, 「제1장」의 "天命之謂性, 率性之謂道, 修道之謂教"에 대한 주자주(朱子註)인 "天以陰陽五行, 化生萬物, 氣以成形 而理亦賦焉, 猶命令也."를 인용한 구절이다.

59 주자의 〈조식잠(調息箴)〉의 내용은 이러하다. "코 끝에 흰 빛이 있으니, 나는 그것을 본다.(鼻端有白, 我其觀之) 어느 때 어느 곳에서도, 그 모습이 느긋하고 편안하도다.(隨時隨處, 容與猗移) 고요함이 극에 달하여 날숨을 내쉼은,

일찍 죽음은 모두 정해진 운명이 있는 법이네! 그러나 품부 받은 기(氣)를 잘 조절하여 기르면 수명을 더 늘릴 수 있고, 기(氣)를 덜고 해쳐서 상하게 하면 단명[夭]을 재촉하게 되지. 이는 흡사 사람들이 돈을 쓰는 이치와 똑같은 것이니, 이른바 '수명을 연장하는 일이란 다른 기(氣)를 부익(付益)해서 늘리는 것이 아니다.'는 것일세! 대개 사람이 태어남은 그 정(精)·기(氣)·신(神)을 갖추었기 때문이요, 호흡이란 이것이 사라지는 몇 분기(分氣)의 시점인 것이다. 그러므로 내가 타고난 기(氣)를 정축(停畜)하되, 그 들숨과 날숨을 조절해서, 그 도수(度數)[횟수]를 적게 하여야 한다. 도수를 줄여서 조화로운 상태인 화(和)에 이르면, 자연히 코·입으로 숨 쉬지 않고 배꼽만으로 호흡하게 되는데, 이를 일러 태식(胎息)이라 하니, 이른바 '수일(守一)하여 조화로움에 처하여, 1,200세를 산다.'는 것은 아마도 이 태식 때문일 것이다.[60] 만일 지나쳐서 기(氣)를 손상시킨다면, 단명을 재촉하게 되는 것 또한 이와 같은 이치다.

나는 소시(少時) 적에 스스로 '성인(聖人)을 배우겠노라!'고 다짐하곤 했었다.[61] 그리하여 스스로 성인을 배우기 위해서는 천하에

흡사 봄날 연못의 물고기와 같고,(靜極而噓, 如春沼魚) 움직임이 극에 달하여 들이쉼은, 마치 칩거하는 곤충과도 같다.(動極而翕, 如百蟲蟄) 성하게 어린 기운이 여닫히노니, 그 묘함이 끝이 없도다.(氤氳開闢, 其妙無窮) 누가 이를 주관했는가, 주재하는 공이 있는 것은 아니라네.(孰其尸之, 不宰之功) 구름에 누워 하늘을 나는 것은, 감히 내가 논할 바가 아니다.(雲臥天行, 非予敢議) 하나를 지켜 조화로움에 처하면, 1,200세까지 살지니.(守一處和, 千二百歲)"

60 각주 59 참조.

열람하지 않은 서적이 없고, 천하에 알지 못하는 일들이 없으면, 곧 성인의 지위에 도달하게 될 것으로 생각하였으나, 이 또한 장수한 다음에 가능한 일이었다. 이 때문에 나는 일찍이 술서(術書)에 뜻을 두지 않은 적이 없었고, 또한 백가서(百家書)를 두루 섭렵하느라 심력(心力)을 허비하기도 했었다."라고 술회하셨다.[62]

마침 찾아온 소운(少雲)[한성이]과 선생은 서로 얼굴로 작별 인사를 나누면서 말씀하시기를, "내가 평생 동안 마음속에 품었던 회포를 단 한 마디로 표현할 수 있을까? 나는 열여덟 살 때에 시문(時文)을 물리쳐 버리고,[63] 한결같이 성인이 되기를 스스로 기약하였다. 그런데 본디 우리 고향은 학자로 이름이 난 사람을 들어 볼

---

61 「연보」에 의하면 박세화는 "18세 때에, 이미 성인(聖人)을 배우려는 뜻을 품었다."고 밝히고 있다. 『毅堂集・附錄』卷2,「年譜」,〈丙辰條〉, 531면, "先生自十八歲, 已有學聖之志, 杜門讀書, 篤於求仁, 發言持身, 動稱聖人."

62 「연보」에서는 20세(1853) 때의 기록인 〈계축조(癸丑條)〉에서 이상의 사실을 이렇게 기술해 두었다. 535면, "선생은 스스로 생각하기를, '성인을 배우고자 하는 자는 마땅히 알지 못하는 바가 없고, 능하지 못한 일들이 없는 것으로써 자기의 임무로 삼아야 한다.'고 생각한 끝에, 이에 곧 경전(經傳)・사서(史書)를 널리 상고하고, 또한 백가서를 두루 열람하여 두루 미치지 않음이 없었다."(先生自以爲學聖人者, 當以無所不知, 無所不能爲己任, 乃博考經史, 汎濫百家, 無不周遍). 따라서 우리는『창동일기』가『의당집』과 내용상 상호 보완관계를 유지하고 있다는 사실을 거듭 확인하게 된다.

63 시문(時文)은 당시의 문장 양식 따위를 의미하는 개념이다. 박세화가 예설(禮說)을 참고했던 남계(南溪) 박세채(朴世采: 1631~1695) 역시 "시문(時文)을 공략하는 자들"을 이학(異學)이 끼치는 해악과 함께 강력히 비판한 사실이 있다. 『南溪集』권54,「隨筆錄」, 121면, "此愚所謂其害視染異學者, 寔相仟百. 譬之異學之害, 如夷狄侵凌, 時文之害, 如小人濁亂, 使世之君子聞之, 想必有喟然感嘆於斯者矣."

수가 없었던 탓에, 독서하는 차제(次第)가 어떠해야 하는지를 알지
못했다. 대신에 나는 매양『중용(中庸)』을 읽으면서 스스로 생각하
기를, '자사(子思) 이후로 홀로『중용』의 지견(旨見)을 터득하였
다.'고 자부하기도 하였다. 이 즈음에 동류(同類) 중의 한 친구가
문득 내게 성학(聖學)을 권유하면서 이르기를, '성인이 뭐 그리
유별난 사람이겠는가? 이목구비와 사지(四肢)·백체(百體)가 모두
보통 사람들과 똑같으니, 어찌 성인에 미치지 못할 이치가 있겠는
가?'라고 하였다. 물론 이는 참으로 경망스럽고도 망령된 견해에
불과한 것이었지!"라고 평하셨다. 그러자 한성이가 말을 잇기를,
"그분 말씀은 정히『맹자(孟子)』의 '순(舜) 임금은 누구이며, 나는
누구인가?'와 같은 의미로군요!"라 하였다.[64]

계속해서 선생은 말씀하시기를, "그 당시에 매번 성인을 배우는
길에는, 반드시 의거할 만한 모착(模捉)[본보기]이 있을 것이라고
생각하곤 했으나, 그 묘(妙)를 알지 못했지. 하루는 고향의 벗인
조상교(趙相敎)[65]가 찾아왔기에, 내가 말하기를, '근래에 성인이
되는 대요(大要)를 터득했으니, 바로 미룰 추(推)자 한 글자일세!
가령 일리(一理)로부터 미루면, 세상만사와 만물을 이 일리로써

---

64 인용된 구절은『맹자(孟子)』,「등문공장구(騰文公章句)」(上) 제1장의 경문
인 "顏淵曰 舜 何人也, 子 何人也 有爲者亦若是." 부분을 일컫는다.

65 박세화는 고향 친구인 조상교에게 보낸 편지글 속에서 자신을 쓸모없는
"한 마리의 좀 벌레"[一蠹]로 비유하면서, "나의 삶은 조금만치도 세상에 비익(裨
益)함이 없이, 공연히 세월만 허비한" 것으로 규정한 바가 있다.『毅堂集』권1,
「書」,〈與趙八松相敎〉, 53면, "此生無毫分, 裨益於世, 空然費盡了, 權杷餅○之粟
而一蠹者久矣."

모두 꿰뚫을 수 있을 따름이니,⁶⁶ 이 견해는 어떠한가?'라고 되물었다. 그러자 조상교가 이르기를, '그런데 이 의견은 지(知)자 한 글자만은 못한 듯하다. 들은 바에 의하면 미처 깨쳐 터득하지 못했을 때에도 두루두루 좋다고들 하니, 아직 깨쳐서 앎에 이르지 못한 상태에서는 치지(致知)를 학문(學問)의 핵심으로 삼아야 한다.'고도 하였다. 그러던 중인 23세 때 인근 영흥(永興)에 이사현 (李思峴) 선생[매산(梅山)⁶⁷의 문인]이 계시다는 소문을 듣고서는,⁶⁸ 곧장 달려가서 절을 올렸지! 선생으로부터 『소학(小學)』을 기본으로 삼고, 『대학(大學)』으로 규모(規模)를 세우라!'는 가르치심을 전해듣고, 그제서야 학문하는 계제(階梯)를 어슴푸레하게나마 깨닫게 된 것이다. 나는 집으로 돌아와서 바로 『소학』을 읽었고, 비로소 차례에 따라 과업(課業)을 정하게 되었으니, 이 옹(翁)으로부터 입은 은혜란 실로 지대한 것이었네!"

북녘 고향땅에서 남쪽으로 내려와 도(道)를 강설하고 의(義)를 논한 지도 어언 70여 년이 되었거늘, 목하 도(道)가 멸절되고 나라가 망하는 신세(身勢)가 이 지경에 처하고야 말았구나! 이로 인하여 탄식하며 서럽게 울면서 설하시기를,⁶⁹ "이른바 '일찍이 도(道)가

---

66 주자학(朱子學)의 세계 설계도인 리일이분수(理一而分殊)를 염두에 둔 표현으로 여겨진다. 이는 달리 각구일태극(各具一太極)으로 대체되기도 한다.

67 매산(梅山)은 홍직필(洪直弼: 1776~1852)의 호(號)다.

68 이사현(1799~1865)은 홍직필의 문인이었다는 사실 외에는 신상 정보가 자세하지 않다. 어떤 이는 북사(北土)로 지칭된 이지용(李之容: ?~?)으로 추정하기도 하나 속단하기 어렵다.

없었던 적은 없다.'고 함은 천지(天地)의 도(道)를 가리키는 것이다. 천지의 도(道)란 일월(日月)·한서(寒暑)·주야(晝夜)가 스스로 그러한 모습과 만물이 나고 자라며 거두고 깊이 간직하는 원래 그대로의 모습을 말한다. 이에 비해 인간에게 적용되는 재인(在人)의 도(道)인 인의예지(仁義禮智)·강상대륜(綱常大倫)·화하정통(華夏正統)은 이제 다시는 존재하지 않으니, 과연 사람이 도(道)를 벗어나서 살 수 있겠는가?[70] 도(道)를 떠나서 사는 것은 금수(禽獸)니, 우리 인류(人類)된 자들은, 장차 어찌 하겠는가? 어찌 하겠는가?"라고 하면서 소리 높여 슬피 울다가 실성(失聲)하셨다. 자리에 앉아있던 자들도 모두 다 눈물을 흘리며 울었다.

---

69 「연보」에서는 이하의 언술을 한성이가 던진 질문, 곧 "선생님의 금일의 의(義)에 따른 처신은 나라의 존망(存亡)에 달려 있는 것이 아니고, 전적으로 도(道)의 존망에 계루된 것입니다만, 어떤 이는 이르기를, '일찍이 도(道)가 망한 적은 없다.'고 하니, 이 설(說)에 대해서는 어떻게 생각하시는지요?"(少雲韓星履進曰 先生今日處義, 不在於國之存亡, 而全在於道之存亡, 或者謂道未嘗亡也, 其說何如. 先生曰 所謂道未嘗亡者 ……)라고 질의한 데 대한 박세화의 답변인 것으로 편집되어 있다(〈辛巳條〉, 560면).

70 각주 18 참조. 박세화의 경우 『중용』은 도(道)에 관한 정경(正經, cannon)의 의미를 지니는 것이었다. 박세화는 매달 초하루·보름날에 가중(家衆)들을 이끌고 가묘(家廟)를 참배한 뒤에, 자신과 부인 및 자손·부녀들 상호 간에도 모두 적절한 예(禮)를 취하게 하였다. 또한 이 의식이 끝나면 "두 아들에게 『중용』「제15장」을 암송하는 것으로 항규(恒規)로 삼았다. 『毅堂集·附錄』, 「年譜」, 〈壬午條〉, 543~544면, "先生每朔望, 率家衆入家廟參禮, 畢退與劉氏相揖南向坐, 子若孫以次序立再拜, 婦女皆四拜, 子與婦相揖分東西坐, 訖命二子誦中庸第十五章, 以爲恒規." 한편 『중용』, 「제15장」 중에는 『시경(詩經)』에 전거를 둔 "처자(妻子)와 정이 좋고 뜻이 합함이 금슬(琴瑟)을 타는 듯하며, 형제(兄弟)가 이미 화합하여 화락하고 또 즐겁도다. 너의 가실(家室)에 마땅하게 하며, 너의 처자들을 즐겁게 한다."는 내용이 포함되어 있다.

조금 뒤에 한성이가 흐느껴 울며 작별 인사를 고하면서 아뢰기를, "선생님의 의(義)에 따른 처신은 만만세세토록 우러러 공경을 받게 될 것입니다만, 저희 후생들은 마땅히 어떻게 몸을 처신해야 하겠습니까?"라고 하였다. 이에 선생이 응답하시기를, "어찌 사람사람이 하나의 보기마냥 처신할 수 있겠는가? 이제 내 나이도 팔순 늙은이로 접어들다 보니, 이 세상이 그리 즐겁지가 않은 지도 벌써 오래되었네!"라고 토로하였다. 인하여 우옹(尤翁)[송시열]의 만인사(挽人詞) 중에서 "인간 팔십(八十)이 너무 지리(支離)하도다! 그대는 이미 영영 가고 돌아오지 않으니, 나는 이 세상이 싫증이 나는구려!"라는 한 구절을 외시면서,[71] "나 또한 운운(云 云)."이라 하셨다. 한성이가 두 번 절을 올리고서 물러나니, 여러 친구들이 모두 눈물을 흘리며 슬피 울면서 송별하였다. 한성이가 말하기를, "눈물은 흘려도, 감히 곡(哭)하지는 않겠으니, 정히 이날은 바로 진경(眞境) 그 자체입니다!"라고 하였다. 이어 윤제욱(尹濟郁)[72]이 작별 인사를 드리고 돌아가려 하였다. 그러자 선생은 제욱에게 이르시기를, "자네는 기상(氣象)이 너무 가파르듯이 곧으니, 모름지기 너그럽고 온화한 기상을 스스로 지니면[73] 만사가

---

71 宋時烈, 『宋子大全Ⅰ』(한국문집총간 108) 권2, 「詩 · 七言絶句」, 〈朴李直挽〉(민족문화추진위원회, 1993), 137면, "八旬於世太支離, 子已長辭我厭之, 可笑人情猶未忘, 篋中還泣舊題詩."

72 박세화(64세)는 1897년에 관례(冠禮)를 앞둔 회당 윤응선의 아들인 제욱(濟郁)의 자(字)를 일문(一文)으로 짓고, 또한 『논어』의 문질빈빈론(文質彬彬論)에 입각하여 〈윤제욱자설(尹濟郁字說)〉을 작성하였다(『毅堂集』 권5, 「雜著」, 〈說〉, 340면).

저절로 좋아질 것이니,[74] 부디 이 당부를 잊지 않도록 하게나!"라고 타이르셨다.[75]

그리고 잠시 후에 신현국을 불러서 말씀하시기를, "지난 을미년(乙未, 1895)의 삭변(削變) 당시에, 나는 편지를 써서 인근 장담(長潭) 지역[76]의 사우(士友)들에게 작별을 고한 적이 있었다.[77] 그리고 연월일 바로 아래에 '도와 더불어 같이 죽을 사람'(與道俱亡人)이라는 다섯 글자를 특서(特書)했던 이유도, 금일의 의(義)에 따른 처신도 바로 이 때문이었을 따름이다!"고 하셨다.

73 실제 박세화는 평소에 "온화(溫和)·자애(慈愛)한 마음"을 체득하기 위해 진중한 노력을 경주하였던바, 이는 그가 "생명의 이치[生理]"로 정의한 인(仁)이 발현되는 기상(氣象)에 다름이 아니었기 때문이다. 『毅堂集』 권5, 「雜著」, 〈書贈蔡通汝〉, 311면, "人有人之名, 有人之實, 務實而稱名, 仁也. 仁生理也, 溫和慈愛之心也, 其敬乎."

74 이 구절은 [年譜], 〈辛巳條〉에는 "萬事自好"로 표기되어 있다.

75 윤제욱의 부친인 윤응선 또한 "마음이 평온해야 기(氣)가 순해지고, 또한 도량도 커진다."는 등의 충고를 통해서, 아들의 가파른 기질에 깊은 경계심을 표하였다(『晦堂集』 권10, 「雜著」, 〈誠郁兒平心說〉, 89면).

76 1895년(乙未) 4월에 박세화(62세)는 인근의 "장담(長潭)으로 가서 향음례(鄕飮禮)를 행했는데," 이는 의암 유인석이 예회(禮會)의 빈장(賓長) 자격으로 의당을 초청했기 때문이다. 『毅堂集·附錄』 권2, 「年譜」, 〈乙未〉, 548~549면, "四月赴長潭行飮禮: 柳毅菴麟錫設禮會, 邀先生爲賓."

77 朴世和, 『毅堂集』 권5, 「雜著」, 〈書示書社同志〉, 312면, "以身殉道, 動不動, 是 今日義也 …… 乙未冬, 十一月二十八日朝, 毅堂老人書."

8월 11일(壬午): 단식 제6일째

몸을 부축하여 일으켜 앉게 할 것을 명한 선생은 관(冠)·건(巾)을 바르게 하고 옷깃을 가지런히 한 후에, 좌우의 사람들에게 일러 말씀하시기를, "나의 기(氣)와 정신[神]이 점차 더욱 약해져가고 있어서, 장차 내 힘만으로는 관·건을 제대로 손볼 수 없을 것 같으니, 어진 그대들이 대신에 반드시 정제(整齊)히 해줘서, 혹여 조금이라도 기울어지질 않도록 해주게나!"라고 당부하셨다.[78] 그런 뒤에 붓과 벼루 및 두 폭 크기의 커다란 전지(展紙)를 가져오게 해서, 큼직하게 예의조선(禮義朝鮮) 넉 자를 쓴 뒤에 탄식하며 이르시기를, "우리 당당(堂堂)한 예의조선(禮義朝鮮)이 견양(犬羊)이 되어 망했으니, 오호라! 차마 더는 말하지 못하겠노라!"고 하시고는 더 이상 목소리를 내지 못할 정도로 소리 높여 슬피 우셨다. 덩달아 좌우에 있는 이들도 모두 눈물을 쏟았다.

이윽고 선생은 또 큼직한 두 폭 크기의 종이를 가져올 것을 명하셨다가, 펼쳐진 전지를 다시 말고 글쓰기를 그치면서 말씀하시기를, "나는 중정인의(中正仁義) 넉 자를 써서 어진 그대들에게 주려고 하였으나,[79] 내 기력(氣力)이 이미 소진된 탓에, 더는 억지로

---

78 "혹여 조금이라도 기울어지질 않도록 해주게나!"라는 부분은 『창동일기』에는 "毋或少耶也"로 기록되어 있다. 반면에 「연보」에서는 좀 더 완성된 문장인 "毋或欹傾也"로 기술되어 있기에(『毅堂集·附錄』 권2, 〈戊寅條〉, 559면) 이 양식을 그대로 따랐다.

79 박세화에 의하면 중정인의(中正仁義)란 "이 리(理)가 있으면, 이 사람이 있고, 이 사람이 있으면, 이 도(道)가 있으니, 도는 곧 중정인의(中正仁義)일

강행할 수가 없구나!"라고 하셨다. 그러자 이 장면을 지켜본 자들이 이구동성으로 찬탄하면서 말하기를, "지금 우리 선생님은 팔순의 연세에다가, 곡기를 끊은 지 벌써 6, 7일이나 지났음에도 불구하고, 방아대처럼 굳센 필력은 평소 때와 조금도 다름이 없으시니, 만일 천년(千年) 백수(百壽) 동안 살기를 기약하더라도 가능하실 법도 했다!"고들 웅성거렸다. 또 선생은 이르시기를, "인의(仁義)의 도(道)는 생민(生民)의 근본이니, 근본이 없다면 곧 사람은 살 수 없게 된다. 우로(雨露)의 은혜는 생물(生物)의 은덕이니, 은덕이 끊기면, 곧 생물도 살 수가 없다."고 하셨다. 계속해서 설하시기를, "치지(致知)는 두 번째고, 역행(力行)이 첫 번째다. 옳고 그름을 아는 것이기 때문에 두 번째라고 하였고, 그 옳은 것을 실천하는 것이므로 첫 번째라고 말한 것이다."라 하셨다.

이일영(李日榮)·박해영(朴海英)·심혁록(瀋赫祿)이 나와서 선생을 뵈었다. 선생이 임기정에게 일러 말씀하시기를, "만일 글 뜻 가운데 의심가는 대목이 있다면 질문해도 괜찮다!"고 하셨다. 그러자 임기정이 선생을 마주보며 아뢰기를, "호흡의 기운이 이토록 엄엄(奄奄)하여[80] 뭘 어찌해야 할지를 모르겠는데, 어찌 감히 질의를 한단 말입니까?"라고 반문했다. 이에 선생은 말씀하시기를,

---

따름"(有是理，則有是人，有是人，則有是道，道卽中正仁義而已)인 것으로 설명된다. 또한 중정인의는 성인이 실현·정립한 이상적인 표준인 인극[人極]의 의미를 동시에 내포하고도 있다. 『毅堂集』 권2, 「書」, 〈答尹君瑞〉, 69면, "人孰不有，而聖人先得我心之所固有，以定之於是乎，人之極立矣."

80 엄엄(奄奄)은 숨이 장차 끊어지려고 하는 모양을 나타낸 표현이다.

"그렇지가 않네! 나는 지금 도(道)를 위해서 죽으려 하니, 수명이 끊어지기 전에 강론하지 않는 것은 가당치가 않다. 나의 수명은 아침 · 저녁 사이에 달려 있으니, 비록 다시 질의하고자 해도, 앞으로는 들을 수나 있겠는가?"라고 하셨다. 이윽고 임기정이 질문하기를, "선생님께서는 주저(主著) 『계산문대(溪山問對)』에서 '성학(聖學)은 하늘에 근본하고, 이학(異學)은 사람에 근본한다.'고 설명하셨는데,[81] 어떤 의미입니까?"라고 하였다. 이 질문에 대해 선생은 말씀하시기를, "주자서(朱子書)에서 이르기를, '성인은 하늘에 근본하고 불씨(佛氏)는 마음에 근본 한다.'고 하였는바, 바로 이 뜻이다."라고 답하셨다. 임기정은 또 성령(性靈)의 의미에 대해 질문하였다.[82] 이에 선생이 답하시기를, "주자(朱子)[주희(朱熹)]의 말씀 중에는 '인목(仁木)의 신(神)과 의금(義金)의 신 및 예화(禮火)의 신과 지수(智水)의 신'이라 설한 대목이 있다."고 하셨다.[83] 또

---

81 문인 임기정이 질의한 해당 내용은 박세화 스스로가 "평생 정력(精力)이 여기에 담겨 있다."고 자평한 주저 『계산문대(溪山問對)』하권 중에서 "正學本天, 異學本人, 正學仁也, 異端私也."라고 설명한 부분이다. 『계산문대』에 대한 「연보」의 평론은 이러하다. 『毅堂集 · 附錄』권2, 〈甲辰條〉, 554면, "論道體明德心性理氣之說後, 甞不住手隨改曰 平生精力在此."

82 성령(性靈)은 마음 혹은 정신을 뜻하는 단어다.

83 이와 관련하여 『朱子語類』권1, 「理氣上 · 太極天地上」의 51항목에서는 이하처럼 설명하고 있다. "기(氣) 가운데 빼어난 것이 신령함[神]이 된다. 금(金) · 목(木) · 수(水) · 화(火) · 토(土)가 신령한 것이 아니라, 금 · 목 · 수 · 화 · 토가 되는 까닭이 신령함이다. 사람에게서는 리(理)가 되니, 인(仁) · 의(義) · 예(禮) · 지(智) · 신(信)이 되는 까닭이 바로 이것이다."(氣之精英者爲神. 金木水火土 非神, 所以爲金木水火土者是神. 在人則爲理, 所以爲仁義禮智信者 視也)

말씀하시기를, "성(性)은 곧 리(理)요,[84] 마음은 기(氣)니, 신(神)은 리를 떠날 수 없어 붙어 있고, 또한 기(氣)를 떠날 수 없어 달라붙어 있음은, 본래 서로 떠날 수 없기 때문이다."라고 하셨다.

　이번에는 신현국이 질의하기를, "가령 공맹(孔孟)이 지금의 세상을 만났더라면 어떻게 처의(處義)하실 것 같습니까?"라고 하였다. 이에 선생은 "성인(聖人)의 위대한 역량은 진실로 감히 알기가 어렵다. 그렇지만 반드시 그 나라를 떠나셨을 것이네!"라고 답하셨다. 그러자 신현국이 말하기를, "지금 세상은 어디를 가더라도, 오랑캐들의 땅이 아님이 없는 것 같습니다."고 응하였다. 이에 다시 선생은 "성인은 스스로 그 마땅한 바를 터득하여 처신하시리니, 내가 어떻게 감히 딱 잘라 질언(質言)할 수 있겠는가?"라며 선을 그으셨다. 또 다시 신현국이 말하기를, "수년 전에 이 조선 땅을 떠나기 위한 거국(去國) 경영(經營)을 계획하였을 때에,[85] 선생님께서는 집안의 가족들 때문에 차마 결단을 내리지 못하셨습니다. 만일 옛날 성인들이었다면, 반드시 그만둘 수 없어서 조선 땅을 떠나셨을 것입니다. 어찌 반드시 집안 사람들이 뒤따라야만

84　정주학(程朱學)의 일대 명제인 성즉리(性卽理)를 일컫는 표현이다. 『中庸章句』, 「제1장」의 註, "命 猶令也, 性 卽理也."

85　「연보」에는 박세화가 1909년(76세)에 이르러 "조선 땅을 떠나서 서간도(西間島) 지역으로 접어드는," 곧 이른바 "보수(保守)의 계획을 수립하기 위한" 구상을 세웠으나, "얼마 후에 중국이 다시 크게 혼란스러워졌다는 소문을 듣고, 이에 계획을 중단하고서 인하여 (음성의) 창동으로 거처를 옮겼다."(先是先生謨欲去國入西間島, 爲保守之計 …… 旣而聞中國又大亂, 乃止仍遷于此)고 기록되어 있다(〈己酉條〉, 557면).

했었겠습니까?"라고 되물었다. 이에 선생은 "자네 말이 옳네!"라고 답하셨다.

정진원과 이수영이 운곡(雲谷)으로부터 되돌아왔다.[86] 선생은 말씀하시기를, "회당(晦堂)[윤응선] 모친의 병세는 좀 어떻다고 하시던가? 이 사람들이 온 것은, 반드시 내 장례식 때문일 텐데, 그 선후(先後)를 알 수 없으니,[87] 어쩌면 좋단 말인가?"라고 하셨다. 조금 후에 권봉집(權鳳集)이 나아가 뵈었다.

8월 12일(癸未)[88]: 단식 제7일째

당시는 온 세상이 시끌벅적한 가운데, 일찍 시집가고 장가드는

---

86 거론된 운곡(雲谷)은 운곡서원(雲谷書院)을 가리킨다. 이 서원은 과거 충주목사(忠州牧使)로 있던 한강(寒岡) 정구(鄭逑: 1543~1620)가 기존의 서원을 확장하여 건립한 것으로, 지금의 충북 음성군 삼성면 용성리의 뒷산인 백운산(白雲山) 자락에 위치하고 있다. 당시의 행정구역은 "충주(忠州) 서촌(西村) 운곡(雲谷)"이었는데, 회당 윤응선은 56세 봄에 이곳 운곡서원 주변으로 이거(移居)한 사실이 있다. 尹膺善, 『晦堂集‧附錄』권2(奈堤文化資料叢書 9), 「年譜」, 〈己酉條〉, 奈堤文化研究會, 2005, 654면, "春移居于忠州西村雲谷."

87 윤응선의 모친과 박세화 두 사람 중에서 누가 더 빨리 타계할지를 모른다는 뜻이다. 실제로 윤응선은 8월 22일에는 모친상을 당했고, 불과 며칠 뒤인 8월 28일에는 스승인 의당 선생을 곡(哭)해야만 하는(第二十二日, 丁母夫人申氏憂, 第二十八日, 哭毅堂先生) 비운의 상황에 처해지게 된다(尹膺善, 『晦堂集‧附錄』권2, 「年譜」, 〈庚戌條〉, 655면). 정진원과 이수영이 충주 운곡서원 방면에서 음성의 창동정사로 달려 온 것도 바로 이런 사정이 관여하고 있었기 때문이었다.

88 「연보」와 대조해 본 결과, 「연보」에는 8월 12일(癸未)‧8월 14일(乙酉)‧8월 15일(丙戌)‧8월 18일(己丑)‧8월 20일(辛卯)‧8월 21일(壬辰)‧8월 22일(癸巳)‧8월 23일(甲午)‧8월 24일(乙未)‧8월 25일(丙申)〉, 이상 10일간의 기록분이 누락된 상태였다.

조혼(早婚) 풍속이 무성하던 시기였다. 이에 선생이 말씀하시기를, "오랑캐가 널리 가득차서 온 나라에 화폐가 유통[通貨]되고 있는데,[89] 여자들이 있는 곳에는 더더욱 이를 면하기가 어려운 실정이다. 내가 마음속 가득히 진정 근심하고 걱정하는 것은 바로 이 점이다. 내 증손녀(曾孫女)[90]가 비록 아직 혼인식을 치르지 못했으나, 내 생전에 혼인이 이뤄진다면 진실로 좋은 일이긴 하지만, 지금 성혼(成婚)을 바라기가 어렵구나!"라며 안타까워하셨다.

그러던 차에 드디어 신현국의 장자인 정순(正淳)[91]과 결혼을 하게 되자 말씀하시기를, "내 증손녀가 비록 교훈(敎訓)은 없으나, 올바르게 이끌어 나가면, 아주 어리석고 한심스러운 지경에는 이르지는 않을 걸세! 우리 작고하신 어머님은 여사풍(女士風)의 면모를 지녔던 분이신데,[92] 매년 제사를 모실 때마다 그 정성과 공경심

---

89 1910년부터 이뤄지기 시작한 일본 기업들의 조선에 대한 직접 투자나, 혹은 일제에 의한 신화폐정책 등과 직·간접적으로 연관되어 있을 것으로 짐작된다.

90 거론된 증손녀란 장손(長孫)인 면기(冕基)의 자제들인 1남3녀 중에서 장녀를 가리킨다. 『毅堂集·附錄』권2, 「行狀」, 581면, "冕基一男鎭奭幼, 三女長適申正淳, 餘幼."

91 申鉉國, 『直堂集』(奈堤文化資料叢書 4) 권6, 「附錄·年譜」, 〈戊子·己亥條〉(奈堤文化硏究會, 2002), "四月聘夫人吳氏. 吳氏貫海州學生漢泳女.";"六月長子正淳生." 신현국은 20세 4월에 오한영(吳漢泳)의 딸인 오씨(吳氏) 부인과 결혼하여 뒤늦은 31세 6월에 장자 정순을 낳았다.

92 이하의 서술은 『毅堂集』권6, 「遺事」, 〈先妣孺人禹氏遺事〉, 415~418면에 거론된 내용 중 일부에 해당한다. 〈선비유인우씨유사(先妣孺人禹氏遺事)〉에서는 족인(族人)들이 예의·법도와 자애로운 부덕(婦德)을 두루 갖춘 단양우씨 부인을 두고, "우부인[禹孺人]은 참으로 여중(女中) 군자(君子)다!"라는 평판이 있

을 극진하게 다하셨고, 먼저 종가(宗家)에 음식을 들이도록 정하셨네. 또 조카며느리에게 치재(致齋)하며[93] 제기(祭器)를 씻게 하고, 음식은 깨끗하고 깔끔하게 갖추도록 타이르시기도 하셨다. 하루는 장성한 조카딸이 쪽을 찐 괄(髻)이 바르지 못한 것을 발견하자, 이를 꾸짖으며 타이르시기를, '네 나이가 서른이나 되는데도, 숙맥불변(菽麥不辨) 상태니,[94] 장차 배우(俳優)가 되려고 배우기 위해 그러는가? 아니면 종노릇이나 익히자는 것인가? 내 차라리 너를 두 번 다시 보지 않겠다!'고 훈계하시자, 조카딸이 밖에 나가서 쪽 찐 것을 단정히 하고 들어와서 사죄(謝罪)하면서, 한참 동안이나 눈물을 줄줄 흘렸지!"라고 술회하셨다.

선생은 이 대목에서 기력이 점점 쇠미해진 끝에, 마침내 이야기를 그치셨다. 빈객과 문하생들이 절을 하며 예를 표했다. 마침 윤교승(尹敎昇)·장현선(張鉉璇)·이종하(李鍾夏)가 와서 선생을 뵈었다.

었음을 전하고 있다. 417면, "親戚來入門, 則輒欣然次第寒暄語, 奉老育少之宜, 族人退相謂曰 禹孺人眞女中君子也." 또한 극히 교육적인 모친이기도 했던 우씨 부인은 아들 세화에게 학업상의 성취와 더불어, "선인(先人)의 덕음(德蔭)을 실추시키지 말 것"을 당부하곤 했다. 박세화는 노년에 이르러서도 모친의 이 "유명(遺命)이 귓전에 생생하였다."고 밝혀 두었다. 417~418면, "汝今稍知爲學, 自此克有成就, 不墜先人德蔭, 吾有望於汝者, 豈有他哉. 不肖至愚極陋, 遺命在耳."

93 제관(祭官)이 된 사람이 사흘 동안 몸가짐을 깨끗하게 재계(齋戒)하는 것을 말한다.

94 숙맥불변(菽麥不辨)은 콩과 보리를 변별하지 못할 정도로 어리석은 사람을 비유하는 사자성어다.

8월 13일(甲申): 단식 제8일째

선생은 몸을 부축하여 앉게 할 것을 명하면서 말씀하시기를, "우리 고향 고원(高原) 땅의 풍속 중에는 많은 사람들이 돈을 굴려서 이자를 불리는 걸 즐겨했는데, 사류(士類)들 또한 왕왕 그렇게 하는 것을 전혀 부끄럽게 여기질 않았지! 그 중에 어떤 분은 우리 선인(先人)[95]께 세화(世和)도 동참하게 해서 득력(得力)하게끔 명하실 것을 권유하기조차 하였다네. 또 그분은 우리 선친께 '자네 아들 정도라면 내 마땅히 500금(金)으로 밑천을 삼도록 하고, 뇌물을 주는 것도 허락하겠네!'라고도 하셨지. 그러자 우리 부군(府君)께서는 웃으면서 답하시기를, '내 자식을 제대로 가르치진 못했지만, 지금 겨우 이자놀이나 가르칠 수야 있겠는가? 내가 원하는 바가 아니네!'라고 하시면서, 끝내 그분의 부탁을 들어주질 않으셨지. 우리 선인께서는 참으로 군자이셨던 게지!"라고 회고하셨다. 인하여 맏손자인 면기(冕基)[96]에게 타이르며 이르시기를, "기

---

95 『毅堂集』 권6, 「遺事」, 〈先考春齋府君遺事〉, 410~415면에는 "의복 차림과 행동거지가 진중(珍重)하여, 사뭇 장자(長者)의 체모(體貌)가 있었던" 부친 춘재공(春齋公) 박기숙(朴紀淑)을 소개한 내용이 게재되어 있다. 한편 박세화는 수학기 적인 11세 때에 인근 서당[塾]에서 『소학(小學)』 공부를 시작했는데, 서당의 훈장이 풀어주지 못한 의문점을 부친이 명쾌하게 해명해 주자, "우리 대인(大人)이야말로 바로 성인이시다!"(時先生受小學於隣塾, 至明倫篇 …… 先生乃爽然釋疑曰 吾大人卽聖人也)"라며 깊은 존경감을 표한 사실이 있다(『毅堂集 · 附錄』, 「年譜」, 〈甲辰〉, 532면). 의당의 삶에서 부친의 존재는 롤 모델 그 이상의 의미를 지니는 각별한 것이었다.

96 장손(長孫)인 면기는 박세화의 나이 40세 때인 1873년 10월에 태어나서(『毅堂集 · 附錄』 권2, 「年譜」, 〈癸酉條〉, 541면), 1886년 1월에 엄의강(嚴宜橿)이

상(氣象)과 위의(威儀)는 덕(德)이 드러나는 부험(符驗)이니,[97] 삼가고 또 신중해야 하느니라! 내 평생 학문하는 규모(規模) 중에서 진정 삼갔던 것은 바로 이 점이었다. 이제 임종(臨終)을 즈음하여 너를 위해 일러두는 것이니, 너는 절대로 내 말을 잊어서는 안 된다!"고 말씀하셨다.

그런 다음에 정진원·이수영을 돌아보며 두 사람에게 일러 말씀하시기를, "그대들의 스승인 회당(晦堂)[윤응선]은 참으로 훌륭한 학자로 평할 만한 인물이다. 옛날에 내가 청풍(淸風)의 장선(長善)에 머무르던 시기를 전후로 해서,[98] 우리 집에 이른 꼭두새벽부터 찾아들곤 했었지! 하루는 내가 훈계(訓戒)가 담긴 문자(文字)를 건네자, 밖으로 나가 한 시간이 넘도록 들어오지를 않더군. 그래서

빈장으로 참석한 가운데 관례(冠禮)를 치렀다(〈丙戌條〉, 545면, "正月行長孫冕基冠禮. 嚴松山宜欞爲貧").

97 증표(證票)를 뜻하는 부험(符驗)은 두 가지 용례를 간직한 단어다. 즉 ① 조선시대에 궁중을 호위하던 금군(禁軍)들이 성문을 통과할 때 쓰던 표신(標信). ② 과거 중국에 가는 사신들이 사행(使行)의 표(標)로 갖고 다니던 물건.

98 박세화는 60세 때인 1893년에 불억산 자락에 터한 장선(長善) 병산(屛山)에서 다시 강론을 재개 하였다(「年譜」, 〈癸巳條〉, 547면, "開講于長善屛山"). 이때 참석한 "학도들이 크게 운집하여, 석담(石潭)·한천(寒泉) 정사(精舍)의 오랜 관례에 따라 강론 시에 적용할 학규(學規)를 정했다."(學徒大進, 依石潭寒泉舊例, 講定學規)고 한다. 의당학의 강령인 학문의 3대 대규모(大規模)인 주경(主敬)·거사(去私)·구인(求仁)이 내외에 공식적으로 천명된 것도 이 무렵이었다. 547면, "又常謂學者曰 學須要立箇大規模有三焉, 主敬也去私也求仁也, 三還是一仁而已, 主敬以活其源, 去私以闢其壅연, 君子去仁惡乎成名." 한편 제천시 금성면 사곡리로 이전한 지금의 병산영당이 위치했던 곳도 바로 청풍면 장선리 병산골[谷]이었다.

내가 집 뜰 가운데로 나가서 가만히 들으니까, 그 잠깐 동안에도 내가 가르쳐 준 어려운 문구를 소리 내어 읽으며 외우고 있질 않겠는가? 그 독실히 믿고 호학(好學)하는 열정이 이정도였네! 덕분에 회당의 덕업(德業)과 문장(文章)은 날로 고명(高明)함을 더해 갈 수밖에 없었지. 내가 평생토록 사람들을 가르쳐 왔지만, 지금까지 문장과 서찰(書札)을 쓰는 등의 일에 대해서는 단 한 번도 이야기한 적이 없었다. 오직 그대들의 스승에게만 처음으로 문장법을 전해 주었다. 그대들의 스승인 회당은 항상 나에게 이르기를, '선생님의 도학(道學)에 관해서는 전해들을 수 있었지만, 문장에 한해서는 능히 그럴 수가 없었습니다!'라고 말하곤 했다. 선생은 다시 두건이며 버선 · 옷깃 등을 바르게 가다듬으면서 말씀하시기를, "단 한 가닥의 터럭 같은 기(氣)가 남아 있다면, 지(志)도 아직 보존되고 있는 것이다!"라고 하셨다. [99]

---

99 그런데 기(氣)와 지(志)의 관계를 거론한 이 구절은 「연보」에서는 〈8월 13일(甲申)〉이 아닌, 즉 〈8월 17일(戊子)〉의 일로 기록하고 있어서(『毅堂集 · 附錄』권, 「年譜」, 〈戊子條〉, 562면), 『창동일기』와는 다소 날짜상의 차이가 발견된다("先生火氣上攻, 肢體寒冷 而猶講說不已曰 一息尙存, 志猶在也"). 이 같은 정황들은 『창동일기』가 당시 날짜별로 내알(來謁)한 문인 · 제자들의 기억에 의존한 전언(傳言) 내용을 추수적으로 채록(採錄)해서 편집하는 과정에서 불가피하게 발생한 오류로 짐작된다. 또한 문장 기술상의 번간(繁簡) · 상략(詳略) 차이도 같은 맥락에서 이해 가능한 부분이다. 한편 柳毅赫, 『任堂遺稿(全)』, 「任堂遺稿序」, 1면에는 "아직 한 호흡이 남아 있다면, 이 지(志)가 조금도 느슨해짐을 용납하지 않는다."(命其徒, 强扶起坐, 復正其冠曰 一息尙存, 此志不容少懈)라고 운위한 구절이 발견된다. 류의혁의 이 언술은 스승 박세화의 강인한 정신력이 노정된 해당 언술이 제자들에게 미친 영향력의 일단을 감지케 해준다. 『毅堂集』권2, 「書」에는 류의혁이 질의한 승사(勝私) · 구방심(求放心) · 주경(主敬) 등의 사안에 대한 박세화의 답신인 〈答柳弘一〉이 보인다(169~170면).

[연보(年譜)][100]: 그대들의 스승인 회당(晦堂)이 나를 종유(從遊)한 지도 벌써 여러 해가 지났네. 그 독실한 믿음과 호학(好學)하는 열정이란 여느 사람들이 미칠 수 있는 바가 아니었지! 때문에 그 학문적 지위(地位)가 날로 더욱 높아지게 된 것이다. 어진 그대들은 마땅히 절대로 사법(師法)을 실추시키지 않는 것으로써, 각자 마음속으로 약속하여 할 것이다.

曰 君之師晦堂, 從余有年, 其篤信好學, 非餘人所能及, 故其地位日益崇, 賢輩當以勿墜師法爲家許.

8월 14일(乙酉): 단식 제9일째

이날 선생은 느닷없이 말씀하시기를, "더디고 더디도다! 나의 죽음이여! 고인(古人)들 중에서도 곡기를 끊은 자들이 더러 계셨다. 어떤 이는 분기(忿氣)로 마음을 버티고 있다가 그리 오래되지 않아서 죽었고, 또 간혹 애심(哀心)으로 마음을 지탱하고 있다가 멀지 않아 죽은 자도 있었다. 그런데 나의 경우 마음을 지탱하고 있는 게, 도대체 어떤 물건인고?" 하셨다. 이에 이하영이 아뢰기를, "선생님께서는 도의(道義)가 중심을 지탱하고 있기 때문입니다. 어찌 분한 기운과 슬픈 마음과 비교를 하십니까?"라고 응답하였다. 그러자 선생은 말씀하시기를, "사람이 죽는 일이 괴로운 정도가, 이토록 심하구나!"라고 하셨다.

참판(參判) 민강호(閔康鎬)[101]가 선생 앞으로 나가서 소리 높여

---

100 朴世和, 『毅堂集 · 附錄』 권2, 「年譜」, 〈甲申條〉, 561면. 정진원과 이수영에게 전한 박세화의 해당 언술은 『창동일기』와 「연보」 사이에 다소 차이가 있다.

슬피 울면서 이르기를, "선생님께서 이렇게 서거하시면, 저 같은 무뢰한은 응당 어찌해야 한단 말입니까?"라고 하였다. 그러자 선생은 "영감(令監)은 집에 머무르는 날이 거의 없어서, 지금껏 함께 원원(源源)할 틈이 없었는데,[102] 이제 영원히 헤어져야 하니, 진정 이것이 한스럽게만 여겨지는군요!"라고 답하셨다. 말을 마치자 몸을 뒤편 벽면 쪽으로 기대었다.

8월 15일(丙戌): 단식 제10일째

선생은 몸을 부축하여 앉힐 것을 명하셨다. 그리고 앉은 채 관(冠)에 매단 대갓끈을 베로 만든 갓끈으로 고쳤다. 이는 선생이 노년에 접어들면서 평소에도 늘 착용하던 차림으로, 그 제도가 흡사 정자(程子)의 관제(冠制)와 같아 보이는데,[103] 관 곁에는 두

---

101 참판(參判) 민강호(閔康鎬)에 관한 기록으로는 『일성록(日省錄)』과 『승정원일기(承政院日記)』의 광무(光武) 3년 5월 25일자에 "영선사장(營繕司長) 민강호(閔康鎬)를 이 날 봉심대신(奉審大臣) 입시(入侍) 시에 대령(待令)하지 않은 책임으로 견책(譴責)하다."는 구절이 눈에 띄나, 보다 자세한 신상 정보는 미상이다.

102 영감(令監)은 정삼품(正三品)·종이품(從二品) 관리를 대칭(對稱)하는 대명사다. 원원(源源)은 물이 끊임없이 흐르는 모양을 형용한 표현으로, 전(轉)하여 사물이 끊임없이 계속하는 모양을 나타내기도 한다.

103 조선 중기부터 구한말에 이르기까지 서당의 훈장이나 양반들이 평소 집에서 평상복 착용 시에 쓰던 관(冠)으로, 망건(網巾) 위에 탕건(宕巾)을 쓴 다음 그 위에 덧쓰는 방식을 취했다. 원래 복송(北宋)의 대유학자였던 정자(程子), 곧 정이(程頤: 1033~1107)가 처음 쓰기 시작하였다고 해서 정자관(程子冠) 혹은 정자건(程子巾)으로도 불렸다. 호가 이천(伊川)인 정이는 형인 정호(程顥: 1032~1085)[명도(明道)]와 함께 이정자(二程子)로 불리며, 정주학(程朱學)을 창시한 학자다. 한편 박세화는 달리 정관(程冠)으로도 약칭되었던 정자관에 대한

귀가 매달려 있다. 무의(武依)와 잇닿은 치관(緇冠)은 다섯 량(樑)으로 이뤄졌는데, 넓고 큼직하여 정수리 부위까지 걸쳐 있다. 검은 관의 앞뒤로는 갓끈을 매달아서 기다란 잔 끈들이 드리워져 있는데, 조금은 고제(古制)를 회복한 듯이 보이는 차림이었다. 그런데 이때부터 기력이 급작스럽게 전일과 달라지기 시작했다. 박해언(朴海彦)과 권승철(權承喆)이 찾아와서 선생을 뵈었다.

8월 16일(丁亥): 단식 제16일째

이날 선생은 문득 말씀하시기를, "굶어 죽는 일의 고통스럽기가, 겨우 이 정도인가? 의서(醫書)에 이르기를,[104] '만일 사람이 7일 동안을 먹지 않으면 죽는다.'고 하였고, 또한 능중자(陵仲子)

문인의 질문을 접하고, 이하와 같은 견해를 피력해 두었다. 『毅堂集』 권3, 「禮疑問答」, 186면. "사옹(沙翁)[김장생(金長生: 1548~1631)]의 이른바 정관(程冠)은 그 관제[制]를 또한 알 수가 없다. 오늘날 이른바 정자관(程子冠) 역시 기원이 어느 시기인지를 알 수 없다. 일찍이 정자의 영정(影幀)을 본 적이 있었는데, 그 착용한 관이 이것[정자관]과는 다른 듯했다."(沙翁所謂程冠, 其制亦未可知也. 今所謂程子冠, 亦未知出自何時. 嘗見程子影, 其所著, 似不如是)

104 박세화가 의서(醫書)에 관심을 두게 된 계기는 모친의 위급한 병환 때문이었다(『毅堂集·附錄』 권2, 「年譜」, 〈庚申條〉, 536~537면. "自校宮歸侍禹孺人疾"). 이때에 박세화는 "약(藥)이 떨어지면 곧 기(氣)가 끊기곤 하여, 이를 구제할 길이 없게 되자, 이에 단지(斷指)를 하여 피를 내어 입에 들이기를 수시(隨時)로 한 끝에, 모친을 소생을 시켰다."(藥訖氣仍絶, 莫之能救, 乃斷指出血灌口隨時, 乃蘇) 당시 박세화는 "시탕(侍湯)하던 틈틈이 의학서적들을 널리 섭렵하면서" 이하와 같은 소감을 피력해 두었다. "이 의서(醫書)는 비단 부모를 모시는 자들이 마땅히 알아야 할 뿐만 아니라, 또한 이치를 궁구하는 자들도 알지 않으면 안 되는 것이다."(侍湯之暇, 傍通醫書曰 此不惟事親者之所當知, 窮理者, 亦不可不知也)

는 '사흘을 굶었더니 귀는 들리지 않고, 눈에는 보이는 것이 없었다.'[105]고 한 따위의 말들을 모두 믿을 수가 없구나!"고 하셨다. 이에 신태학이 말하기를, "세상에 전하기로는 교형(絞刑)과 문형(刎刑), 그리고 사약(賜藥)과 아사(餓死) 중에서,[106] 오직 굶어서 죽는 것이 제일 어렵다고들 운운하듭니다!"라고 하였다. 그러자 선생이 응하시기를, "이전에 호랑이에게 물려 상한 사람의 그 고통을 알 수 있을 것도 같구나!"라고 하셨다.

저녁 무렵에 최상룡(崔翔龍)이 나아가 선생을 뵈었다. 한참이 지난 뒤에 최상룡이 좌우 사람들에게 일러 말하기를, "선생님의 의에 따른 처신은, 어찌 깊이 헤아리신 결과가 아니겠습니까만, 혹여 용기를 손상한 부분이 없지는 않을까요?"라고 하였다. 이때 선생은 눈을 감고 가만히 누워 계시다가 홀연히 노한 목소리로 꾸짖으며 훈시하시기를,[107] "나라에 군상이 없는 하루란 있을 수

.

---

105 능중자(陵仲子)는 진중자(陳仲子)를 지칭하는 표현인데, 이는 진중자가 오릉(於陵)에서 거주했던 데서 비롯된 별명에 해당한다. 해당 전거는 『孟子』, 「滕文公章句(下)」의 제10장이 제공해 주고 있다. "광장(匡章)이 말하기를, '진중자(陳仲子)는 어찌 참되고 청렴한 인물이 아니겠습니까? 오릉(於陵)에 살면서 사흘 동안을 먹지 않아서, 귀는 들리지 않았고 눈은 보이지를 않았습니다.'라고 하였다."(匡章曰 陳仲子, 豈不誠廉士哉. 居於陵, 三日不食, 耳無聞, 目無見)

106 교형(絞刑)은 목을 옭아매어 죽이는 형벌인 교수형(絞首刑)을 뜻하며, 문형(刎刑)은 목을 자르는 형벌을 말한다.

107 「연보」에서는 최상룡의 난데없는 질문을 접한 박세화의 표정과 관련하여, "선생은 한참 동안이나 침묵하다가 말씀하시기를"(先生默然良久曰 ……)이라고 묘사해 두었다. 이는 "先生瞑目而臥, 忽厲聲曰 ……"로 기술한 『창동일기』의 그것과는 상당한 어감의 차이가 발견된다.

없거늘, 오늘날 임금된 자가 과연 누구인가? 게다가 도(道)는 보존되었는가? 아니면 망했는가?"라고 하셨다.

선생은 자신을 일으켜 앉힐 것을 명한 후에, 곧 좌정(坐定)한 채로 또 말씀하시기를, "하·은·주(夏殷周) 삼대(三代) 이전에는 도(道)가 위에 있었고, 삼대 이후로는 도(道)가 아래에 있었다. 명(明)나라 말엽에 이르러서는 도(道)가 중국 바깥에 있었는데, 역외(域外)인 우리 동방에 도(道)가 500년 동안이나 머무르는 동안에, 위에서 실천하면 아래에서 본받아서, 조금도 중화(中華)에 부끄러움이 없었으며, 길이 후세 전할 만한 말들이 있었다. 그런데 오늘날에 이르러, 또 아래로 내려와 우리 무리들[오배(吾輩)]에게 머물러 있으니,[108] 우리 무리들이 어찌 도(道)를 떠나서 살 수 있단 말인가? 말을 마친 선생은 큰 소리로 울부짖으며 슬피 우시기를 세 번이나 반복하시더니, 호흡의 기운이 소진하여 다시 자리에 누우셨다.

8월 17일(戊子): 단식 제12일째

화기(火氣)가 치고 올라와 팔다리와 몸이 차가워지고, 가슴 속은 마르고 더워지기 시작하면서, 제대로 심정[情]을 가눌 수 없게 되자 좌우의 문인들에게 일러 말씀하기를, "앞으로는 나의 심중[胸]을 열 수가 없을 것이므로, 꼭 듣고 싶은 것은, 오직 강설(講說)

---

108 "우리 무리들[吾輩]"이란 곧 당시의 의당학파(毅堂學派) 혹은 의당학단(毅堂學團)을 지칭한다.

일 뿐이니, 그대들은 나를 위하여 질의하도록 하라!"고 하시었다.[109] 이에 신현국이 질문하기를, "일찍이 들으니 『주역(周易)』 건괘(乾卦)의 '이롭게 한 바를 말하지 않는다.'(不言所利)는 네 글자[110]는 그 의미가 『논어(論語)』의 '하늘은 말하지 않아도, 춘하추동 사시(四時)가 차례로 행해지며, 만물이 생(生)해진다.'는 구절[111]과 똑같은 뜻인지요?"라고 하였다. 이에 선생은 "그렇다!"고 답하셨다. 신현국이 또 묻기를, "선생님께서는 일찍이 사람을 보는 관인법(觀人法)에 대해 말씀하시면서, '먼저 그 본령(本領)을 보라!'고 하셨고, 또 독서하는 법에 대해서는 '먼저 그 주된 요지를 살펴라!'고 하셨는데, 이른바 본령이란 곧 지행(知行)을 말하는 것입니까?"라고 되물었다. 이 질문에 대해 선생은 "그야 심성(心性)을 뜻하지!"라고 대답하셨다.

이윽고 선생이 강설하시기를, "이전에 내가 「연평문답(延平問答)」[112]을 읽으면서 깨달아 터득한 것이 두루두루 좋았다. 이를테

---

109 이상의 대목에 대한 「연보」의 기록은 이러하다. 『毅堂集·附錄』권2, 「年譜」, 〈戊子〉, 562면, "先生火氣上攻, 肢體寒冷, 而猶講說不已曰 一息尙存, 志猶在也." 또한 "아직 한 호흡이 남아 있다면, 지(志)도 보존되고 있는 것이다."라고 한 박세화의 발언은 『창동일기』에서는 〈8월 13일(甲申)〉분에 "一絲髮氣在郎, 志猶在也"로 표기되어 있다(19면).

110 『주역(周易)』 건괘(乾卦)의 문언전(文言傳)에서 건(乾)의 생성하는 덕(德)을 두고, "천하를 이롭게 하고도, 이롭게 한 바를 말하지 아니하므로 위대하도다!" (乾始能以美利, 利天下, 不言所利, 大矣哉)라고 찬미한 구절에 해당한다.

111 朱熹, 『論語集註』, 「陽貨篇」의 〈제19장〉, "天不言, 四時行焉, 萬物生焉."

112 연평(延平)은 주돈이(周敦頤: 1017~1073)의 학통을 계승한 이통(李侗: 1093~1163)의 호(號)다. 또한 「연평문답(延平問答)」은 이연평의 문집인 『연평집

면 '공손은 예(禮)와 가까워 치욕(恥辱)을 멀리하게 되고, 믿음이
의(義)에 가까우면 말을 실천할 수 있으니, 인하여 그 친함을 잃지
않게 된다.'는 가르침 또한 충분히 종주(宗主)로 삼을 만한 말씀이
었다. 아마도 그 의미는 예의(禮義) 바른 사람을 가까이 하기가
어려우므로, 공손하고 미더운 사람이라도 만날 수 있다면, 그
정도도 괜찮다는 것이니, 이른바 '인하여 그 친함을 잃지 않게
된다.'는 것이 바로 여기에 있네."라고 하셨다. 이연평(李延平)
선생의 학문은 확실(確實) · 진적(眞的)하니, 주자(朱子)가 주자가
된 이유도, 대개 연평에 근본하였기 때문일 것이다.[113]

교관(敎官)   김수홍(金壽弘)과   김영식(金永植)[114] · 박민현(朴玟

(延平集)』 중에서 문인 주자에게 준 열 통 남짓한 편지를 차후 주자가 별도로
편집한 것을 말한다. 연평은 서신을 통하여 선불교(禪佛敎)에 경도되어 가는
주자의 학문적 자세를 충고하면서, 바로 눈앞에 펼쳐진 일상(日常)이자 이발(已
發) · 동(動)의 세계에 주목할 것을 적극 권유했다.

113 연평학(延平學)에 대한 박세화의 평론은 『毅堂集』 권1, 「書」, 〈答韓公辰星
履〉, 58면의 그것과 동일한 내용임이 확인 된다. "近得延平答問一書, 病隙開看,
覺晦菴夫子, 盛德大業, 垂明於後學, 實基本於此." 더 나아가 박세화는 이연평이
성취한 학적 공로와 위상과 관련하여, "그 위로는 수사(洙泗)[공 · 맹(孔孟)]를
계승하고, 아래로는 고정(考亭)[주자]을 인도하여, 진실로 훌륭한 말씀[辭]을 남
기셨다."(其上繼洙泗, 下啓考亭, 亶有辭矣)고 호평하였다.

114 박세화가 호가 치직(稺直)인 김영식에게 답한 6통의 서신이 『의당집』에
수록되어 있다. 첫 번째 답신인 〈答金稺直永植〉을 통해서, 박세화는 김영식에게
"장중(莊重) · 침밀(沈密)한 기상(氣象)"을 보다 강화할 것을 주문하고 있음이 눈
에 띈다. 115면, "愚嘗窺覘賢之莊重沈密氣象, 有所不足, 唐之四傑, 名動一世 而竟
以浮躁淺露, 不善其終 …… 而可戒者乎." 박세화가 쓴 〈華陽講會日記〉에는 "김치
직(金稺直)이 그의 무리 10여 명과 함께, 백양(栢陽) 방면에서 뒤좇아 이르렀
다."(金稺直與其徒十餘人, 自栢陽追至)고 서술되어 있는 것으로 보아, 김치직은
문인이 아니나 의당을 사숙(私淑)하는 관계였던 것으로 추정된다.

鉉)·최종구(崔鍾龜)[115] 등이 찾아와서 선생을 뵈었다.

8월 18일(己丑): 단식 제13일째

문인 김사술이 곁에서 선생을 모셨다. 선생은 몸을 뒤쪽 벽면에 기댄 채 일을 주선(周旋)하고 계셨다. 김영식이 신상의 병(病)으로 사죄하고 돌아가면서, 선생을 대면하고 시(詩)로써 작별을 고하였다. 양원근(揚源根)·연만우(延萬羽)·장동섭(張東暹)·양재명(梁在明)[116]·김진학(金鎭學) 등이 찾아와서 선생을 뵈었다. 한편 생원(生員) 정지화(鄭地和)는 옛날에 선생과 척주(陟州)[삼척]의 산중에서 같이 거주했던 자인데,[117] 마침 오늘에야 찾아와서 배알하게

---

115 최종구는 박세화가 1892년(59세)에 만송(晚松) 심학수(沈學洙) 등과 함께 명륜당(明倫堂)에서 독서할 적에 동참했던 인물이다. 『毅堂集·附錄』권2, 「年譜」, 〈壬辰條〉, 547면, "與 沈晚松學洙, 讀書于明倫堂: 門人柳遠必柳龍秀崔鍾龜崔烈孫冕基從往." 한편 『毅堂集·附錄』권1, 「語錄」중에는 〈崔鍾龜錄〉이 보인다 (511~513면).

116 양재명은 회당 윤응선이 1905년 봄에 충주 운곡서원으로 거처를 옮길 당시에 일체의 뒷일을 부탁했던 문인이었다. 『用夏講契帖』(屛山影ј	所藏本), 「用夏精舍講會契帖序」, 1909, 1면, "去年春, 晦堂遠移書籍, 于忠西之雲谷 …… 囑門生梁在明 而勵之曰 ……." 그 중에는 윤응선이 머무르던 "용하정사(用夏精舍)를 지키고 숭봉하는"(命門人梁在明, 守其精舍, 而崇奉之) 일도 포함되어 있었다[19면]. 당시 용하영당에서 봄·가을에 제향(祭享)을 올린 사실을 기록한 「용하영당석채록(用夏影堂釋菜錄)」이 전한다. 한편 양재명은 윤응선으로부터 경덕(敬德)이라는 자(字)를 받았다(『晦堂集』(坤) 권10, 「雜著」, 〈梁在明字說〉, 92면). 양재명은 월악산의 용하동(用夏洞)에 거주하면서 의당학단을 위해 온갖 궂은일을 마다하지 않았던 인물로도 알려지고 있다.

117 박세화는 51세 때에 조정의 훼복령(毁服令)에 반대하고 전통적인 "의복(衣服) 제도"를 수호하기 위한 목적으로 기존의 터전이었던 강원도(江原道) 인제(麟

되었다.

8월 19일(庚寅): 단식 제14일째

마침내 기력이 점차 약해져서, 다시는 강설하지 못하셨다. 박제회(朴濟會)·정도원(鄭道源) 두 사람이 찾아와서 선생을 뵈었다.

[연보][118]: 〈경인(庚寅)〉 마침내 선생은 기력이 점차 약해져서, 다시는 강설하지 못하셨다. 선생을 뵈려고 찾아온 문인들에게 다만 고개를 끄떡일 따름이셨다.
先生氣力漸微, 不復講說. 門人來謁者, 只頷之而已.

8월 20일(辛卯): 단식 제15일째

8월 21일(壬辰): 단식 제16일째

蹄)에서, 다시 "거처를 척주(陟州)[삼척] 태백산 산중으로 옮긴"(移居于陟州太白山中) 사실이 있다(『毅堂集·附錄』 권2, 「年譜」, 〈甲申條〉, 544면). 당해인 1884년 가을에 태백산에 오른 박세화는 〈등태백산(登太白山)〉 2수(首)를 읊었다. 『毅堂集』 권1, 「詩」, 〈登太白山〉, 36면, "萁出羣山盡讓頭, 巍峩太白鎭東陬, 三千里廣風煙靄, 一二尺間星宿浮(1수)." 박세화는 제2수에서 "아득히 먼 고향땅 구름만 북녘으로 돌아가네!"(沼沼鄕國歸雲北)라며 일순 향수에 한껏 무젖기도 하였다.
118 朴世和, 『毅堂集·附錄』, 「年譜」, 〈庚寅條〉, 562면.

8월 22일(癸巳): 단식 제17일째

목구멍이 마르고 혀가 건조해진 탓에, 어음(語音)을 이루질 못하
셨다.

8월 23일(甲午): 단식 제18일째

8월 24일(乙未): 단식 제19일째

8월 25일(丙申): 단식 제20일째

김창식(金昌植)[119] · 주성호(朱星昊)[120] · 채동구(蔡東龜) 세 사람이

---

[119] 당시 영남(嶺南)에서 강학 활동을 전개하면서 "세칭 희재처사(希齋處士)로
불렸던" 문인 김창식은 만와(晚窩) 김제하(金濟夏)의 아들이다. 박세화는 김창식
의 부친인 만와공(晚窩公)의 "존화양이(尊華攘夷) · 충분직의(忠憤直義)"를 동시
에 기리기 위한 장문의 묘갈명인 〈대명처사만와김공묘갈명(大明處士晚窩金公墓
碣銘)〉을 지었다. 『毅堂集』 권6, 「墓碣銘」, 427~435면, "朝鮮國漢江之南, 水原
龍石山下, 有背庚嶢然 而合墳者, 故大明處士金晚窩之藏也 …… 嗚呼, 公之尊華攘
夷, 忠憤直義, 世不被其化, 而其胤子昌植, 講學嶠南, 行義日聞, 世所稱希齋處士
者, 其人也."

[120] 주성호는 둔포공(遯圃公) 주형진(朱滎軫)의 아들이다. 「연보」에 의하면
(547면), 박세화를 독실하게 신뢰했던 주형진은 "척주(陟州)[삼척]에서 집을 옮겨
의당을 따라왔고, 또 자신의 아들인 성호(星昊)로 하여금 선생으로부터 학문을
배우게 했다."(公名滎軫, 篤信先生, 自陟州拔宅從之, 使其子星昊受學, 至是卒有
祭文) 박세화는 주형진이 죽자, 그를 위한 제문을 지었다. 또한 『毅堂集』 권6,
「行狀」에는 〈處士朱遯圃行狀〉이 등재되어 있는데, 박세화는 상당한 인문적 소양
을 갖춘 지식인인 주형진을 두고, 제대로 "학문을 한 선비가 있다는 전문을

뒤늦게 소식을 듣고 찾아와서 선생을 뵈었다. 선생은 겨우 목구멍 사이에서 흘러나오는 소리로 채동구에게 일러 말씀하시기를, "지난 봄철에 헤어질 때의 말을, 자네는 아직 기억하고 있는가?" 하셨다. 그러자 채동구가 눈물을 흘리며 슬피 울면서 선생의 얼굴을 마주 대하며 대답하기를, "저는 그때 이미 이런 일이 있을 줄을 예감했었답니다."라고 답했다.

8월 26일(丁酉): 단식 제21일째

오전 진시(辰時)에 호흡하는 기운이 가라앉아 희미해졌다. 자손이며 문인들이 일제히 모였으나, 조금 있다가 다시 깨어났다. 집안 부녀자들이 나와서 뵙자, 선생은 가만히 이들을 바라보면서 고개를 끄덕이셨다. 잠시 후에 손짓을 하여 물러나게 하였다.

8월 27일(戊戌): 단식 제23일째

진시에 호흡의 기운이 또 가라앉아 희미해지자, 자손과 문도(門

접하면, 반드시 달려가서 기어이 만났고, 또 성심(誠心)으로 좋아했다."(聞有學問之士, 必趍見乃已, 誠心好之)고 술회했다(400면). 또한 박세화는 "공(公)은 나보다도 7년이나 연장임에도, 오히려 특별히 우례(優禮)로써 나를 대하였으니, 공의 겸손한 덕성과 넓은 도량이 여기서 증험된다."(公長我七年, 而猶爲之以優禮, 公之謙德弘量, 可驗於此也)라는 말로써, 그의 인간됨됨이를 소개해 두었다. 한편 박세화가 "고우(古友) 우석(于石) 선생"으로 칭한 홍병두(洪秉斗) 역시 박세화보다 연장자였으나(『毅堂集』 권6, 「祭文」, 〈祭于石洪公秉斗文〉, 391면), 그 "스스로 제자로서 자칭한" 인물이었다(『毅堂集』 권6, 「書」, 〈答洪于石秉斗〉, 65면, "尊書自稱以弟子, 何爲其然耶. 惶悚不敢當").

徒)들이 선생을 모시고 좌정하였다. 선생은 한 시간 즈음 뒤에 다시 깨어나셨다. 이원우(李元雨)[121] · 정준원(鄭濬源)이 찾아와서 선생을 뵈었다. 선생은 이들의 손을 잡고, 다만 고개를 끄덕일 뿐이었다. 사문(斯文) 장파(張波)가 와서 선생을 뵈었다. 신현국이 선생께 고하여 아뢰기를, "이 어른은 바로 면암(勉庵) 최익현(崔益鉉: 1833~1907) 선생의 부인(夫人)과는 서로 내종(內從) 간이십니다. 면암의 유배지인 대마도(對馬島)에도 여러 번 다녀오셨는데,[122] 의(義)를 숭상하심이 출중한 분이십니다. 오랫동안 생각하다가 이렇게 찾아뵙게 되었는데, 마침 지금에야 도착하게 된 것입니다."라고 하였다. 선생은 고개를 끄덕이면서, 그로 하여금 앞으로 나오게 해서 악수를 청하셨다.[123]

---

121 '병산영당'이라는 편액(扁額)을 쓴 확재(廓齋) 이원우(李元雨)는 단아한 필체를 구사한 서예가이기도 하다. 짐작컨대 『창동일기』를 작성한 인물로도 추정된다. 〈신종록(愼終錄)〉에는 이원우가 사서(司書) 소임을 맡은 것으로 기록되어 있다.

122 의병장 임병찬(林炳瓚: 1851~1916)은 최익현이 적소(謫所)인 대마도에서 단식을 통해 순국(殉國)한 사실을 『대마도일기(對馬島日記)』의 저술을 통해서 그 전말을 세상에 알렸다.

123 면암 최익현의 측근인 장파(張波)의 내알은 당시 조선 지성계 내부에서 의당학파가 차지하는 위상의 일단을 상징적으로 가늠케 해준다. 즉, 당시 박세화는 화서학파(華西學派)와 간재학파(艮齋學派)와의 관계에서뿐만 아니라, 또한 여타의 학파 및 인물들에 대해서도 전혀 갈등 · 반목 관계를 형성하지 않았던 것이다. 『의당집』에는 박세화가 간재(艮齋) 전우(田愚: 1841~1922)에게 보낸 짤막한 분량의 서신인 〈여전자명우(與田子明愚)〉가 보인다(56면). 실제 박세화가 1904년(71세)에 시행한 화양동(華陽洞) 강회 시에는 "간재문도(艮齋門徒)인 김사우(金思禹) · 오진영(吳震泳)을 비롯한 여러 사람들이 또한 와서 만났고, 이들과 은은한 치의(致意)를 교감하였던"(艮齋門徒金仁父思禹吳而見震泳諸人, 亦來

[연보]124: 〈무술(戊戌)〉 선생의 호흡 기운이 또 가라앉는 상태로 돌변하면서, 제대로 말을 이룰 수가 없었다. 그럼에도 불구하고 자신을 만나기 위해 찾아온 사람들이 있으면, 일일이 앞쪽으로 나오게 하셨다. 이제껏 정신(情神)이 한 번도 밝지 않았던 적이 없으신 듯했다.

先生氣息轉沈, 不能成語, 而有謁見者, 一一使之前. 精神未嘗不瞭如也.

8월 28일(己亥): 단식 제23일째

진시. 선생은 조금도 슬픈 기색 없이 즐거운 듯한 표정으로 화(化)할 뜻을 보이셨고, 마침내 서거하셨다. 영력(永曆) 264년이며, 1910년(庚戌) 8월 28일이다. 전날 밤에 땅이 뒤흔들리는 지진(地震)과 함께 짙게 낀 엄청난 안개가 이곳 일대를 가로질러 걸치고 있었다. 곡기를 끊은 지 무릇 23일 만에 고종(考終)하신 것이다. 살갗은 헐은 채 파리해졌고 탈구(脫口)된 상태에서 건조해졌으며, 혀는 메말라 있어서 제대로 표현할 수 없을 정도였다.

그런데 역책(易簀)하시기 전에도 정신은 오히려 보존되고 있어서, 여전히 이불이며 옷깃 주변을 손으로 문지르고 계셨다. 혹은

見致意股股然) 것으로 기록하고 있다. 이는 스승인 박세화의 인품을 두고, "우뚝하게 높이 솟아서 마치 태산교악(泰山喬岳) 같고"(屹然若泰山喬岳), 또한 "쇄락(灑落)하기가 흡사 광풍제월(光風霽月)과도 같았다."는 윤응선의 회고가 한갓 수식어에 그치는 빈말이 아님을 입증시켜 준다(『毅堂集 · 附錄』 권2, 「行狀」, 581~582면).

124 朴世和, 『毅堂集 · 附錄』, 「年譜」, 〈戊戌條〉, 562면.

집안 사람들을 문하생으로 착각한 모양으로, "학문에의 정진은 절도(節度)일 따름이다!"라고 설하기도 하셨다. 그러나 일찍이 형기상(形氣上)의 일[125]에 대해서는 단 한 마디의 언급도 하지 않으셨다.

[연보][126]: 〈**기해(己亥)**〉 오전 진시(辰時)에 정침(正寢)에서 고종 명[終]하셨다: 즉(即) 8월 28일이었다. [단식 후 23일 째날] 전날 밤에 땅이 뒤흔들리는 지진(地震)이 있었고, 같은 시각에 짙게 낀 엄청난 안개가 발생하였다. 이윽고 상(喪)을 치른 뒤에는 먼 곳과 가까운 곳의 사자(士子)[127]들과 향리의 친지(親知)들 중에서 슬피 통곡하지 않는 이가 없었다. 또한 문인으로 수질(首絰)을 머리에 두르고 심상(心喪)을 한 자들이 무척이나 많았다.

辰時終于正寢: 即八月二十八日[絶粒後第二十三日]也. 前夜地震, 是刻有大霧. 旣喪遠近士子, 鄕里親知, 無不哀痛. 旣喪遠近士子, 鄕里

---

125 "형기상(形氣上)의 일"이란 몸·육체·육신과 연관된 모든 일들이 포함된다. 이를 두고 신현국은 〈제자정록후(題自靖錄後)〉 속에서, 선생은 "도(道)를 도모했으되, 지금껏 식(食)을 꾀한 적이 없었고, 도를 근심하였으나, 일찍이 가난을 걱정한 적은 없었다."(謀道而未嘗謀食, 憂道而未嘗憂貧)라고 부연 설명해 두었다(31면). 실제 박세화 스스로도 고향의 벗인 조상교(趙相敎)에게 띄운 편지 글 속에서, "사람이 사는 것은 도(道)를 도모하기 때문이요, 식(食)을 도모하기 때문임은 아니다."(又可見人之有生, 以謀道而不謀食)는 평소 소신을 피력해 보인 사실이 있다(『毅堂集』 권1, 「書」, 〈與趙八松相敎〉, 54면). 더 나아가 박세화는 "진실로 능히 도(道)를 도모하여 생(生)을 보전할 수 있다면, 나물과 나무뿌리·솔잎이라도, 또한 족히 넉넉한 먹거리[豊]를 대신할 수 있으니, 어찌 가을 수확이 없는 것으로 근심하겠는가?"(苟能謀道, 以保生則, 菜根松葉, 亦足以代豊, 何無秋之可憂哉)라고 강변하기조차 했다.

126 朴世和, 『毅堂集·附錄』 권2, 「年譜」, 〈己亥條〉, 562면.

127 사자(士子)란 벼슬을 하지 않은 선비를 나타내는 단어로 사인(士人)과 같은 의미다.

親知, 無不哀痛, 門人加麻心喪者甚衆.

[연보][128] : 〈10월 9일〉 동군(同郡)[음성군] 봉악산(鳳岳山) 자락의 아래인 도은리(道隱里)에 권조(權厝)하였다.[129]
문인으로 건질(巾絰) 차림으로 참석한 자들이 모두 80여 명이었다. 이날 기다란 무지개가 창동(昌洞)에서부터 장소(葬所)까지를 가로질러 걸쳐 있다가, 오랜 뒤에야 사라졌다.

十月九日. 權厝于同郡鳳岳山下, 於道隱里. 門人巾絰來會者, 八十餘人. 是日長虹, 自昌洞橫亘于葬所, 久而後滅.

[행장][130] 무릇 23일 만에 창동(昌洞)의 정당(正堂)[안당]에서 종명[終]하셨다. 시(時)는 8월 28일 진시경이었으며, 향년 77세셨다. 장차 임종하려는 밤에는 땅이 뒤흔들리는 큰 지진(地震)이 있었고, 같은 시각에 짙은 안개가 사방을 가득 에워쌌다. 이윽고 상(喪)을 치른 뒤에는 원근(遠近)의 사우(士友)들이 큰 소리로 울며 슬퍼하면서 서로를 위안하곤 하였다. 또한 평소에 서로 안면이 없는 자들도 눈물·콧물을 흘리며 울지 않는 이가 없었다. 문인으로 가마(加麻)를 한 채 심상(心喪)을 한 자들이 80여 명이었다.

凡二十有三日, 而終于昌洞正堂. 時八月二十八日, 辰刻也, 壽七十七. 將終之夜, 大有地震, 是刻昏霧四塞. 旣喪遠近士友, 哀慟相弔. 素未識者, 莫不涕洟. 門人加麻心喪者, 八十餘人.

---

128 朴世和, 『毅堂集·附錄』 권2, 「年譜」, 〈十月九日條〉, 562면.

129 권조(權厝)란 정식으로 산자리를 쓸 때까지 임시로 시체를 가매장해 두는 것을 말한다.

130 朴世和, 『毅堂集·附錄』 권2, 「行狀」, 569면.

10월 9일. 동군(同郡)[음성군] 봉악산(鳳岳山) 기슭의 도은리(道隱里)에 권조(權厝)하였다. 이날 기다란 무지개 한 줄기가 창동(昌洞) 쪽에서 솟구치더니 장소(葬所)에까지 가로질러 걸쳐 있다가, 여러 시간이 지나도록 사라지질 않았다.

十月九日. 權厝于同郡鳳岳山, 於道隱里. 是日長虹一條, 起於自昌洞, 橫亘于葬所, 數時不減.

〈신종록(愼終錄)〉[131]

영력(永曆) 264년, 1910년(庚戌) 8월 28일(己亥), 진시(辰時). 선생은 설성(雪城)의 창동정사(昌洞精舍)에서 자정(自靖)[운명]하셨다.

고복(皐復)[132][평소 착용하던 심의를 사용(用平日所着深衣)]

신태학(申泰學)

습구(襲具)[133] 폐유(弊襦, 속옷) 요대(腰帶, 허리띠) 각계(脚繫), 행소(行縢, 주머니) 과두(裹肚) 말(襪, 버선) 토수(吐手, 토시) 행의(行衣, 겉옷) 심의(深衣) 대대(大帶)[134] 폭건(幅巾)[135] 망건(網巾)[136] 상

---

131 『논어』「학이편(學而篇)」에 등장하는 "신종추원(愼終追遠)"에 전거를 둔 어휘로서, 상례(喪禮)·장례(葬禮)에 관한 기록을 뜻한다.

132 사람이 죽은 뒤에 그 사람이 생시(生時)에 입던 옷을 왼손으로 잡고 오른손은 허리에 댄 후, 지붕이나 마당에 서서 북쪽을 향하여 '아무 동네 아무개 복(復)'이라고 세 번 부르는 일을 말한다.

133 장례를 치르기 위해 죽은 사람의 몸을 씻기고 새 옷을 갈아입히는 일을 습(襲)이라 하며, 습구(襲具)는 이 절차에 필요한 모든 도구들을 말한다.

134 남자의 심의(深衣)나 여자의 원삼(圓衫)에 띠던 넓은 띠.

135 머리를 뒤로 쌓아 덮는 비단으로 만든 두건(頭巾).

136 상투를 쓴 사람이 머리가 흩어지지 않도록 하기 위해 이마 위에 둘러쓰는

목계(桑木筓)[137] 명목(瞑目, 눈가리개) 악수(握手)[138] 리(履, 신발)

호상(護喪)	이하영(李夏寧)
사서(司書)	정준원(鄭濬源) · 이원우(李元雨) · 김대기(金大基)
사화(司貨)	박해준(朴海俊) · 민영래(閔泳倈) · 김상직(金相稷)
집례(執禮)	김창식(金昌植) · 주성호(朱星昊)
대축(大祝)[139]	신현국(申鉉國)
상례(相禮)[140]	임기정(林基貞)

목반(沐盤) 욕반(浴盤)[141] 미감(米泔, 쌀뜨물) 온수(溫水)

습시집사(襲時執事)[142] 채동구(蔡東龜) · 이종하(李鍾夏) · 신태학
(申泰學) · 이일영(李日榮)

말총으로 만든 물건임. 각주 103의 정자관(程子冠) 참조.

137 뽕나무로 만든 비녀.

138 대개 악수(幄手)로 표기되는 악수(握手)란 소렴(小殮) 시에 시체의 손을 배
위에 놓고 둘러싸는 헝겊을 말한다.

139 과거 종묘(宗廟)나 문묘(文廟)에서 제향(祭享)을 할 때에 축문(祝文)을 읽는
사람이나 혹은 그 관직을 말한다.

140 원래 상례(相禮)는 조선시대 예관(禮官) 산하에 조회(朝會) · 의례(儀禮)를
담당하는 통례원(通禮院)에 소속된 종3품의 관리를 뜻했으나, 전하여 예로써
상례(喪禮)를 관장하는 소임을 일컫는 개념으로 사용되었다.

141 머리를 감는 일은 목(沐), 몸을 씻는 것은 욕(浴)에 해당한다.

142 습(襲)하는 일을 맡은 사람들을 말한다.

8월 29일(庚子)

소렴(小殮)[143] 금(衾, 이불) 녹포(綠布, 푸른 베) 산의(散衣) 보공지(補空紙, 송장의 구멍을 막는 종이) 병사구(餠笥具)[144] 진주삼(眞珠三) 쌍(雙)[145] 미삼백(米三白)

설영좌(設靈座)[146]

입명정(立銘旌)[147] 색주사척허(色紬四尺許, 다홍색 명주 4척여 길이)

염시집사(斂時執事) 채동구(蔡東龜) · 이종하(李鍾夏) · 신태학(申泰學) · 최종구(崔鍾龜)

9월 1일(辛丑)

대렴(大斂)[148] 금(衾) 녹포(綠布) 지(紙, 종이) 천금(天衾) 지욕(地褥)[149] 침(枕, 베개) 관(棺) 이금(夷衾, 평평한 이불)

염시집사(斂時執事) 채동구(蔡東龜) · 이일영(李日榮) · 이원우(李元雨) · 최종구(崔鍾龜)

143 소렴(小殮)은 죽은 사람에게 새로 지은 옷을 입히고 이불로 싸는 절차다.

144 떡을 놓는 그릇 따위.

145 진주(眞珠) 두 개나 세 개.

146 영좌(靈座)는 혼백(魂魄)이나 신위(神位)를 모셔놓는 자리를 말한다.

147 명정(銘旌)은 다홍색 천에 흰 글씨로 죽은 사람의 관직 · 품계 · 성명 따위를 적은 조기(弔旗)를 말한다. 이를 장대에 달아 상여 앞에 들고 가서 널 위에 펴고 묻는다.

148 대렴(大斂)은 망인(亡人)에게 음식을 올리고, 관(棺)을 준비한 뒤에 시신을 묶어 관에 넣는 절차를 말한다.

149 망인이 저승에 가서 덮는 이불과 바닥에 까는 요를 말한다.

성빈(成殯)[150][방빈은 평소 거처하던 곳의 서쪽 벽 아래를 도색하여 빈소를 차렸음(房殯平日所居房西壁下塗殯)]

빈감(殯監) 김창식(金昌植)

영연(靈筵)[151][평소에 거처하던 방(平日所居房)]

9월 2일(壬寅): 성복(成服)[152]

참최(斬衰)[153]   장자 형교(長子衡敎)

차자부 김씨(次子婦金氏)[154]

150 빈소(殯所)를 차림. 대개 정전(正殿)의 서쪽에 빈소를 차리고 때에 맞춰 음식을 올린다.

151 영연(靈筵)은 혼백이나 신위를 모신 자리와 그에 딸린 물건들을 뜻한다.

152 초상(初喪)이 나서 상중(喪中)의 예복인 상복(喪服)을 차려입는 것을 말한다.

153 상복을 참최(斬衰, 3년)·자최(齊衰, 1년)·대공(大功, 9개월)·소공(小功, 5개월)·시마(緦麻, 3개월)의 다섯 등급으로 나눈 오복(五服)의 하나로, 거친 삼베로 짓고 아랫단을 헐어 꿰매지 않은 차림의 상복을 말한다. 박세화는 〈오복월수(五服月數)〉를 통해서 상복의 등급이 3년·9월·5월·3월처럼 점차(漸次) 강등되어 나뉘고, 또한 기수(奇數)[홀수]가 적용된 이유를 이렇게 설명하였다. 『毅堂集』 권3, 「禮疑問答」, 〈五服月數〉, 180면, "복제(服制)는 중(重)한 것은 3년으로 하였고, 극히 가벼운 것은 3개월에 그쳤다. 그 (3년과 3개월) 사이에 1년·9월·5월 등으로 나눈 것은 그렇게 하지 않을 수 없어서였다. (기간을) 홀수로 한 것은 고인(古人)들이 숭상하여 사용함이 이와 같았기 때문이니, 또한 부억(扶抑)하는 뜻이 은연중에 깃들어 있지 않겠는가?"(服制重之以三年, 而極輕之以三月而止. 其間一年九月五月者, 不容不爾, 奇數古人尙用如此, 抑扶抑之義, 有嘿寓者歟) [3년으로 함은 부모의 품을 면한 것으로 말하는 자도 있고, 천도(天道)의 변화로써 설명하는 자도 또한 있다.(三年以免於父母之懷言者有之, 以天道之變言者亦有之)]

154 박세화는 24세 때인 1858년에 차자(次子)인 형돈(衡敦)을 낳았으나(『毅堂

부장기손(不杖朞孫)[155] 면기(冕基) 문기(文基) 선기(璿基)[156]

재최구월(齋衰九月)[157] 손부 홍씨(孫婦洪氏)[158]

재최오월(齋衰五月)　　증손 진석(曾孫鎭奭)[159]

문인가마(門人加麻)[160]

集·附錄』권2, 「年譜」, 〈丁巳條〉, 536면), 72세 2월에 둘째 아들을 잃게 된다 (〈乙巳條〉, 554면, "二月哭次子衡敎"). 한편 장자의 부인 현씨는 박세화가 56세 가 되던 해의 2월에 타계하였는데(『毅堂集·附錄』권2, 「年譜」, 〈己丑條〉, 546 면), 의당은 훌륭한 "부덕(婦德)으로 시부모께 효도를 극진하게 하여 섬긴"[玄氏 有婦德, 事姑舅盡孝] 이 며느리를 애도하는 제문(祭文)인 〈제아부현씨문(祭兒婦 玄氏文)〉을 지었다(『毅堂集』권6, 「祭文」, 〈祭兒婦玄氏文〉, 384~385면). 이 제 문은 자상한 시아버지로서의 박세화의 인간적인 면모가 잘 드러나 있다.

155 재최(齋衰)만 입고 상장(喪杖)을 짚지 않은 채 1년 동안 입는 복(服)을 말한 다.

156 문기(文基)와 선기(璿基)는 박형교(朴衡敎)의 측실(側室) 소생이다(『毅堂 集·附錄』권2, 「行狀」, 581면, "衡敎男冕基 …… 側出男文基璿基"). 1905년 생인 박선기는 이복형인 박면기의 아들인 진석(鎭奭)과는 동갑내기다.

157 재최의 재(齋)자는 '자'로 발음하여 '자최'로 표기하기도 한다. 이 경우 '자' 자(字)는 상복의 아랫단을 헐은 것을 뜻한다.

158 손부 홍씨는 장자 박형교의 아들인 면기(冕基)의 처(妻)다. 박세화는 1874 년(40세)에 장손(長孫)을 보았다(「年譜」, 〈癸酉條〉, 541면, "十月長孫冕基生"). 또한 박세화는 1881년(48세) 9월에 차손(次孫)인 유기(裕基)를 보았으나(「年譜」, 〈辛巳條〉, 543면), 유기는 21세의 한참 나이에 숨지고야 만다(「年譜」, 〈壬寅 條〉, 541면, "四月哭次孫裕基").

159 박세화는 72세 때인 1905년 5월에 증손자인 진석(鎭奭)을 보게 되었다(〈乙 巳條〉, 554면, "五月曾孫鎭奭生").

160 110~111면 참조.

〈제자정록후(題自靖錄後)〉

　아! 선생님은 하늘처럼 드높으셨으며, 지기(志氣)는 영매(英邁)하셨고, 흉부(胸袍)는 쇄락(灑落)하셨습니다. 이미 17, 8세 때에 성인을 배우고자 하는 큰 뜻을 품으시어, 입지(立志)·거경(居敬)·존심(存心)·궁리(窮理)·역행(力行)이라는 다섯 조목으로 학문하는 지결(旨訣)을 삼으셨습니다.162 또한 구인(求仁)·거사(去私) 이 넉자로 평생의 율도(律度)로 삼아서,163 도(道)를 도모하였으되, 일찍이 식(食)을 꾀한 적은 없었고, 도(道)를 근심하였으나, 지금껏 가난을 걱정한 적은 한 번도 없으셨습니다.

---

161 〈제자정록후〉는 申鉉國, 『直堂集』(奈堤文化資料叢書 4) 권5, 「跋」, 〈題自靖錄後〉, 奈堤文化硏究會, 2002, 401~402면에 수록되어 있다.

162 박세화는 다섯 조목[吾條]으로 이뤄진 〈서위학지요시학도(書爲學之要示學徒)〉를 통해서 입지(立志)·거경(居敬)·존심(存心)·궁리(窮理)·역행(力行)의 주된 요점을 간략히 제시해 두었다. 특히 "원대함을 귀하게 여기는 뜻[志]으로써, 천하의 도리와 성현의 사업을 담당하여 자신의 책무로 삼는"(志貴遠大, 以天下道理, 聖賢事業, 擔當爲己責) 입지에 관한 조항을 우선시한 점은 율곡(栗谷)에 연원한 기호학적(畿湖學的) 전통의 일단을 대변해 주고 있다(『毅堂集』 권5, 「雜著」, 305~306면).

163 "거사(去私)"는 의당학의 일대 강령(綱領)인 "구인(求仁)"을 체득하기 위한 핵심적인 실천 지침이라는 의미를 지닌다. 각주 31 및 98 참조.

선생님은 스스로 자득하여 욕심이 없으신 듯 이르시기를, "천지(天地)가 생성되기 이전부터 존재하였으면서, 천지와 함께 비롯된 것이 바로 이 도(道)요, 천지가 소멸한 이후에도 존재하면서, 천지와 더불어 마치는 것도 바로 이 도(道)인 것이다. 그러므로 이르기를, '일찍이 도(道)는 존재하지 않은 때가 없었다.'고 하는 것이다!"라고 설하셨습니다. 또 일찍이 분개하시어 말씀하시기를,[164] "하·은·주(夏殷周) 삼대(三代) 이전에는 도(道)가 위에 있어서 천하가 문명(文明)해졌으나, 삼대 이후로는 도(道)가 아래에 있어서 천하가 많이 혼란하기 시작해졌다. 급기야 중주(中州)가 침략을 당하자,[165] 도(道)가 우리 동방으로 옮겨져서 동방의 노(魯)나라로 일컬어지기도 하였다. 오늘날에는 도(道)가 임하(林下)의 암혈(巖穴)[166] 속에 있어서 위태롭기가 흡사 터럭 한 가닥과 같으니, 근심스럽기가 그지없도다!"고 하셨습니다.

급기야 일본 오랑캐에 의해 강상(綱常)이 파괴되고, 우리 방국(邦國)이 집어 삼켜지는 지경에 처해졌으니, 다시는 화하(華夏)의

---

164 이 부분은 최상룡(崔翔龍)이 박세화가 선택한 처의(處義)가 상용(傷勇)의 문제, 즉 "혹여 용기를 손상케 함은 없으신지요?"(或無傷勇也否)라는 질문에 직면한 데 대한 반응에 해당한다(『昌東日記』, 〈丁亥條〉, 21면 참조).

165 중주(中州)는 명조(明朝)를 의미한다. 이 구절은 명나라가 청(淸)의 정벌전쟁에 의해 멸망을 당한 문맥을 머금고 있다.

166 임하암혈(林下巖穴)은 월악산(月岳山)의 지산(支山)인 불억산(弗億山) 일대를 주요 무대로 삼았던 당시 의당학파(毅堂學派)를 비유한 표현이다. 특히 스승 박세화의 족적이 서려 있는 용하구곡(用夏九曲)은 의당학파의 구성원들에게 다양한 시료(詩料)의 원천을 제공해준 정신적 공간으로 정착되어 가고 있었다.

도(道)가 천지 사이에 드러날 수 없게 되었지요. 이에 선생님은 하늘을 부르짖으며 큰 소리로 슬피 우시면서 말씀하시기를, "도(道)가 망했으니, 내 어쩌겠는가?"라며 통탄하셨습니다.[167] 그리고 절립(絶粒)하신 지 24일 만에 의연(毅然)히 순도(殉道)하셨습니다. 아! 우리 선생님의 지극하신 정성과 몹시도 비통해하신 마음은,[168] 차라리 나라는 망할 수 있을지언정, 도(道)가 망함은 가당치가 않으셨고, 또한 몸은 망할 수 있으되, 도(道)가 보존되지 않음은 불가하셨기 때문입니다.

아! 고인(古人)들이 남긴 말 중에, "성인(聖人)도 육신은 죽지 않음이 없으나, 남긴 도(道)는 영원히 멸하지 않는다."는 구절이 있습니다.[169] 이제 우리 선생님의 몸은 비록 죽었지만, 선생님의 도(道)는 멸하지 않아서, 그 장차 천하 후세에 의뢰하는 바가 있을 것이며, 천지와 더불어 서로 종시(終始)가 될 것입니다. 그러므로 선생님을 위해 쥐독하게 서러워할 것이 아니라, 되레 선생님을 위해서 쾌활(快闊)해야 하지 않겠습니까?[170]

---

167 "道亡吾奈何."라는 구절은 두 수의 절필시 중에서 두 번째 것인 오언고시(五言古詩)의 제1구에 해당한다(『自靖錄』, 〈己卯條〉, 7면). 각주 43 참조.

168 원문의 측달지심(惻怛之心)은 이른바 맹자(孟子)가 말한 사단(四端)의 하나인 측은지심(惻隱之心)의 또 다른 표현으로 인(仁)을 표상하기도 한다.

169 田愚, 『艮齋集 · 前篇』(한국문집총간 333) 권15, 「雜著」, 〈芙蓉菴雜識(丁未)〉(민족문화추진위원회, 2001), 190면, "周氏 介生 曰 聖人無不死之身, 有不死之道."

170 이 대목은 소운(少雲) 한성이(韓星履)가 박세화의 절립(絶粒)에 의한 자진(自盡) 행위를 두고, "成仁君子事, 哀此不須哭." 운운한 평을 반영한 표현이다

아! 나라를 위해 순절(殉節)한 고금의 충신(忠臣)·열사(烈士)들을 두루 보아왔으니, 어찌 처사(處士)의 신분에만 한정되었겠습니까만, 도(道)를 위해 충절(忠節)을 바쳐 숨지신 분은, 오직 선생님 한 분일 뿐이십니다! 문득 마주친 불행한 시대에, 부득불 그렇게 순도(殉道)하지 않을 수가 없었기 때문이 아니었겠습니까?

아! 하늘이 사도(斯道)를 염려하심이 지극하여, 성인을 내시어 천하를 태평(泰平)하게 하시고, 또 우리 도(道)를 다시 밝히게 하신다면, 거의 선생님의 당일(當日)의 마음을 아시는 바가 있질 않겠습니까? 오호라, 슬프도다!

경술(庚戌) 후 35년 1944년(甲申) 가을 8월 경인일(庚寅).
문인 신현국이 추감(追感)하며 삼가 쓰다.

(『昌東日記』, 〈庚辰條〉, 9면). 한성이는 이를 달리 "有淚不敢哭, 政此日眞境也." 라고 평하기도 했다(『昌東日記』, 〈辛巳條〉, 14면).

참고문헌

『論語』
『孟子』
『大學』
『中庸』
『周易』
『朱子語類』
『老子』
『日省錄』
『承政院日記』

權尙夏, 『寒水齋集 2』(한국문집총간151), 민족문화추진위원회, 1986.
朴世和, 『毅堂集』(奈堤文化資料叢書3), 奈堤文化硏究會, 2002.
朴世和, 『毅堂集』(鄭東輝家 所藏本).
朴世采, 『南溪集』(한국문집총간140), 민족문화추진위원회, 1996.
宋時烈, 『宋子大全Ⅰ』(한국문집총간108), 민족문화추진위원회, 1993.
申鉉國, 『直堂集』(奈堤文化資料叢書4), 奈堤文化硏究會, 2002.
『用夏講契帖』(屛山影堂 所藏本), 1909.
「用夏影堂釋菜錄」(屛山影堂 所藏本).
柳毅赫, 『任堂遺稿(全)』(屛山影堂 所藏本).
柳重教, 『省齋集』(한국문집총간323), 한국고전번역원, 2007.
尹膺善, 『晦堂集』(奈堤文化資料叢書9), 奈堤文化硏究會, 2005.

李滉, 『退溪集』(한국문집총간31), 민족문화추진위원회, 1988.

田愚, 『艮齋集』권15(한국문집총간333), 민족문화추진위원회, 2001.

鄭糺海, 『明窩集』(奈堤文化資料叢書15), 奈堤文化研究會, 2008.

한성이, 『少雲未定稿』(연세대학교 중앙도서관 소장본).

崔益鉉, 『勉庵集』(한국문집총간326), 민족문화추진위원회, 2001.

洪直弼, 『梅山集』(한국문집총간295), 민족문화추진위원회, 1997.

금장태·고광직, 『儒學近百年(1)-기호계열의 도학』, 한국학술정보(주), 2004.

박인호, 『제천 관련 고문헌 해제집』, 이회문화사, 2005.

변태섭, 『改訂版 韓國史通論』, 三英社, 1989.

한영우 외, 한국사특강편찬위원회 편, 『한국사특강』, 서울대학교출판부, 1990.

권오영, 「『毅堂集』解題」, 『毅堂集』(奈堤文化資料叢書3), 奈堤文化研究會, 2002.

권오영, 「『直堂集』解題」, 『直堂集』(奈堤文化資料叢書4), 奈堤文化研究會, 2002.

권오영, 「朴世和의 사상과 현실인식」, 『근대이행기의 유림』, 돌베개, 2012.

金鍾秀, 「毅堂 朴世和의 『昌東日記』解題」, 『東方學』제30집, 한서대학교 동양고전연구소, 2014.

정경훈, 「近代 毅堂學派의 한 면모-明窩 鄭糺海의 生涯와 學文觀을 중심으로-」, 『동서철학연구』제53호, 한국동서철학회, 2009.

장승구, 「解題: 윤응선과 회당집」, 『晦堂集』(奈堤文化資料叢書9), 奈堤文化研究會, 2000.

연보(年譜)[1]

1834년(純祖 34) 함경남도(咸鏡南道) 고원군(高原郡) 남흥리(南興里)에서, 부친 밀양박씨(密陽朴氏) 기숙(紀淑)과 모친 단양우씨(丹陽禹氏) 사이에서 3월 10일 술시(戌時)에 태어남. 출생 전에 모친이 이채로운 태몽을 두어 번이나 꾸었음.

1838년(5세, 憲宗 4) 어릴 적에 유달리 병치레가 많았던 까닭에 문자를 익힐 겨를이 없었으나, 스스로 글을 깨치기 시작하였음. 행동거지가 매우 단중(端重)하고 엄숙하였음.

1839년(6세) 천체(天體)의 구성에 대해 강렬한 호기심을 품음.

1840년(7세) 서법(書法)을 터득하여 매우 건장(健壯)한 필력을 구사하였음.

1842년(9세) 비로소 학업의 길에 나섬.[2] 소나무를 시재(詩材)로 삼은

---

1 朴世和, 『毅堂集 · 附錄』 권2, 「年譜」, 529~563면 내용을 간략히 정리한 것이다.

2 「연보」에서는 박세화가 비교적 뒤늦게 학업에 착수한 이유를 이렇게 설명하고 있다. 〈壬寅條〉, 531면, "선생의 백형(伯兄) · 중형(仲兄)이 모두 요절하였고, 선생 또한 유달리 병치레가 많았던 탓에, 이를 부친 춘재공(春齋公)이 매우

시를 창작함.

1844년(11세) 서당에서 『소학(小學)』을 배우기 시작했으나, 훈장의 문장 해의(解義)에 실망하고 그만둠.

1846년(13세) 9월에 관례(冠禮)를 올리고, 강릉유씨(江陵劉氏) 부인과 결혼함.

1847년(14세) 부친의 명(命)으로 억지로 과거공부를 시작하였으나, 이는 자신이 꿈꾸는 원대한 포부와는 다르다는 판단에 이르렀음.

1849년(16세) 조부 첨사공(僉使公)의 상(喪)을 당함. 조부로부터 "우리 집안을 창성하게 할 자(者)는 반드시 이 아이일 것"이라는 기대를 받았음.

1851년(18세) 향교(鄕校)에서 공부하다가 동료들의 산만한 행태에 실망한 나머지 집으로 되돌아왔음. 이날부터 성인(聖人)을 배우겠다는 커다란 원력(願力)을 세우고, 의관(衣冠)을 정제히 하고 바로 앉은 자세로 사서(四書)·육경(六經)을 탐구하기 위해 두문불출하였음.

1853년(20세) 고을에 관례와 혼례(婚禮)를 강론하고, 이를 적극 권장하여 향속(鄕俗)을 계도하였음.

우려하여, 학업을 채찍질하여 격려하기를 원치 않았던 까닭에, 이 무렵이 되어서야 비로소 책을 읽기 시작했던 것이다. 선생은 한 번 책을 접하면 통(通)하여 이해하지 못하는 것이 없었고, 또 스스로 터득한 경우도 매우 많아서, 사람들이 신재(神才)라고들 칭하였다."(先生之兄伯仲皆夭, 先生又多病, 春齋公甚憫之, 不欲策勵, 故至是始就讀, 一授而無不通理會 而又自得者甚多, 人以爲神才.)

1854년(21세) 2월에 장자(長子) 형교(衡敎)를 낳음.

1856년(23세) 매산(梅山) 홍직필(洪直弼)의 문인(門人)으로 영흥(永興)에 거처하던 이사현(李思峴) 선생에게 나아가 수업(受業)하였음. 이사현으로부터 "오도(吾道)를 계승할" 문인으로 지목됨. 또한 『소학』과 『대학(大學)』의 중요성을 전해듣고, 성학(聖學)에 본격 입문하는 계기를 맞이하게 되었음.

1857년(24세) 차자(次子) 형돈(衡敦)을 낳음.

1860년(27세) 봄에 명륜당(明倫堂)에서 독서하던 중에 모친의 병환으로 귀가함. 단지(斷指)를 하여 피를 드린 후에 소생케 하였음. 이때부터 의서(醫書)에 대해서도 큰 관심을 가지게 되었음.

1862년(29세) 출가한 누이가 괴진(怪疹)에 걸려 친정으로 돌아오자, 주변의 만류를 뿌리치고 직접 집탕(執湯)하고 돌보아서 병을 치료하였음.

1864년(31세, 高宗 元年) 부친의 강권으로 증광시(增廣試) 회시(會試)에 응시했으나 불합격함.

1865년(32세) 부친 춘재공(春齋公)의 헌수의(獻壽儀)를 치름.

1866년(33세) 고원읍의 사류(士類)들이 가톨릭[사교(邪敎)]에 잘못 전도되는 화(禍)를 구제함.

1867년(34세) 2월에 부친상을 당함.[3] 4월에 집에서 10여 리 거리에 위치한 복흥(福興)에 장소(葬所)를 정함.

1868년(35세) 12월에 모친상을 당함.

1869년(36세) 모친의 장지(葬地)를 덕적동(德積洞)에 마련하고, 부친 춘제공의 유사(遺事)를 지음. 또한 부친의 문집인 『춘재집(春齋集)』을 직접 손으로 베껴서 보관함.

1870년(37세) 고원군 사림(士林)들이 선생의 독효(篤孝)·지행(至行)을 직지사(直指使)에게 포천(褒薦)하는 보고서를 기어이 저지시킴.

1871년(38세) 삼년상을 마치고 모친의 유사(遺事)를 지음.

1873년(40세) 이해 가을에 관서(關西) 지방의 명승지를 두루 유람함. 10월에 장손(長孫) 면기(冕基)를 보았음.

1877년(44세) 안변(安邊) 용동(龍洞)으로 거처를 옮김.

1878년(45세) 4월에 춘재공의 묘소(墓所)를 평강(平康) 문암동(門巖洞)으로 이장함.

3 「연보」에서는 부친 춘재공에 대한 박세화의 평소 효심과 함께, 상(喪) 당시의 태도를 이하처럼 아울러 묘사해 두었다. 〈丁卯條〉, 539면, "선생은 춘재공을 좌우에서 지극한 효성으로 섬겼고, 봉양할 때에는 지·물(志物) 두 가지를 모두 극진하게 하였다. 부친의 노년에는 곁에서 모시면서 왕왕 옷을 벗지 않은 채 잠들곤 하였다. 상(喪)을 당해서는 슬픔으로 살고자 하는 의욕을 잃은 나머지, 너무 야위어 병에 걸리기조차 하였다. 그러나 행동거지를 더욱 엄격히 가다듬어, 비록 찜통처럼 심히 더운 날씨라도 수질(首経)과 허리띠를 풀지 않기를, 3년간을 마치 하루 동안의 일인 양하였다."(先生事春齋公至孝左右, 就養志物兩盡. 晚年侍側, 往往不解衣而寢, 丁憂哀不欲生, 羸瘁成疾, 而持制愈嚴, 雖甚熱不脫経帶, 三年如一日.) 박세화의 감동적인 지효(至孝)에 얽힌 기록들은 『毅堂集』 곳곳에서 발견되고 있다.

1879년(46세) 안변부사(安邊府使) 김직연(金直淵)이 의당(毅堂)이란 당호(堂號)를 지어 주었음. 이에 기존의 자호(自號)인 묵암(默菴)에서 의당으로 개호(改號)가 이뤄짐.

1880년(47세) 회양(淮陽)의 깊은 산속에 위치한 천동(泉洞)으로 이거함. 이곳에서 인의(仁義)·효제(孝悌)의 설(說)로 주민들을 강론·권장하여 천동의 풍속을 크게 변화시켰음.

1881년(48세) 여름에 우인(友人) 주운약(朱運若) 및 문인들과 함께 금강산(金剛山)을 유람하고, 〈금강행정력(金剛行程曆)〉과 〈금강행설(金剛行說)〉을 지음. 9월에 차손(次孫) 유기(裕基)를 보았고, 이해에 『자경록(自警錄)』을 지었음.

1882년(49세) 양구(楊口) 해안(海安)으로 이거(移居)하고, 10월에 모친의 묘소를 인제(麟蹄) 덕산동(德山洞)으로 이장하였음. 또한 학도(學徒)들이 증가함에 따라 일정한 조례(條例)를 갖춘 홀기(笏記)를 제정하여 순강(旬講)의 규정을 확립함. 집 뒤에 오송대(五松臺)를 세우고 단(壇)을 마련하여 습례(習禮)하는 공간으로 삼음.

1883년(50세) 「강학설(講學說)」을 저술함.

1884년(51세) 조정에서 훼복령(毁服令)을 발표하자 구제(舊制)를 수호하기로 결심함. 이에 척주(陟州) 태백산(太白山) 산중으로 이거, 가을에 태백산에 오름.

1885년(52세) 여름에 향음주례(鄕飮酒禮)를 시행함.

1886년(53세) 정월(正月)에 장손 면기의 관례를 행함. 충주(忠州) 석오(石塢)로 이거. 강학(講學) 상의 여건이 불편하거나, 혹은 지역 권귀(權

貴)들의 간섭 등과 같은 이유로 인하여, 다시 제천(堤川)의 의림호(義林湖)·영월(寧越) 선암(仙巖)·청풍(淸風) 두산(斗山) 등지로 이거함.

1888년(55세) 『육례홀기(六禮笏記)』를 초수(抄修)하고, 문인 윤응선(尹膺善)으로 하여금 수정을 가하게 함.[4]

1889년(56세) 2월에 장자부(長子婦) 현씨(玄氏)를 곡(哭)하고, 〈제아부현씨문(祭兒婦玄氏文)〉을 지어 애도함.

1891년(58세) 성재(省齋) 유중교(柳重敎)를 맞이하여 향음주례(鄕飮酒禮)를 행함.

1892년(59세) 만송(晩松) 심학수(沈學洙) 등과 함께 명륜당에서 독서

---

4 박세화는 관혼상제(冠婚喪祭) 및 향음주(鄕飮酒)·사상견례(士相見禮)를 대상으로 한 『육례홀기(六禮笏記)』를 저술한 이유를 이하처럼 밝혀 두었다. 〈戊子條〉, 546면, "선생께서는 일찍이 말씀하시기를, '관·혼·상·제는 인도(人道)의 큰 단초이거늘, 급작스럽게 이 예(禮)를 행하여 그 소루(疏漏)한 병폐가 있어 왔다. 또한 향음주례와 사상견례는 하·은·주(夏殷周) 삼대(三代)의 고례(古禮)이니, 선비된 자가 또한 알지 않으면 안 되는 것이다.'라고 하셨다. 이에 예서(禮書)를 두루 열람한 후에 초사(抄寫)하여 『육례홀기(六禮笏記)』를 지어 학자(學者)들에게 나눠주었다. 후일에 '방루(傍漏)하여 뜻에 차지 않는 부분이 있다.'고들 평하기에, 문인(門人) 윤응선(尹膺善)에게 명하여 다시 수정을 가하도록 하였다."(先生嘗曰 冠婚喪祭, 人道之大端, 倉卒行禮, 病其疏漏. 鄕飮酒士相見, 三代古禮也, 爲士者, 亦不可不知, 乃取禮書抄寫爲六禮笏記, 以與學者. 後以爲有傍漏, 未滿意處, 命門人尹膺善, 更加修正) 그런데 윤응선은 여러 사정상 관례 한 조목에 한해서만 수정을 가했다. 결국 『육례홀기』는 차후인 1960년(更子)에 이르러 명와(明窩) 정규해(鄭紏海: 1890~1970) 등에 의해 뒤늦은 완성을 보게 된다. 鄭紏海, 『明窩集』(奈堤文化資料叢書 15) 권4, 「題跋」, 〈六禮笏記跋〉(奈堤文化硏究會, 2008), 396면, "此笏記一冊, 我毅堂朴先生, 痛禮敎之廢弛 …… 囑我晦堂尹先生, 釐正而修潤之, 先生纔及冠之一禮而奄捐 …… 歲更子刊本稿訖."

하였음. 10월에 유씨부인과 사별함.

1893년(60세) 청풍(淸風) 장선리(長善里) 병산(屛山)골[谷]로 이거하고 강학을 재개함. 의당학(毅堂學)의 3대규묘(大規模)인 주경(主敬)·거사(去私)·구인(求仁)의 체계를 내외에 천명하였음. 가을에 성재 유중교의 상(喪)에 참석함.

1894년(61세) 부모님의 묘소를 청풍 불억산(弗億山)에 합폄(合窆)하고, 스스로를 불억산인(弗億山人)으로 칭함. 충주군(忠州郡)이 주최하는 학강회소(學講會所)의 강좌(講座)로 초빙되었으나 이를 사양함.

1895년(62세) 4월에 의암(毅菴) 유인석(柳麟錫)이 마련한 향음주례에 빈장(賓長)으로 참석함. 여름에 문인 유원필(柳遠必)이 제공한 면위산방(免危山房)에서 독서함. 8월에 영릉참봉(英陵參奉)에 제수(除授)되었음. 명성황후(明成皇后)가 승하하자 망곡례(望哭禮)를 행함. 겨울에 다시 불억산으로 접어들었고, '도와 더불어 같이 죽을 사람'(與道俱亡人)이라는 다섯 글자로 심중의 내밀한 결심을 내비침.

1896년(63세) 정월에 불억산에서 장선(長善)으로 되돌아와서, 문인 유원필·윤응선·곽명근(郭命根) 등을 충주 의진(義陳)으로 보내 위문함. 3월에는 제천으로 가서 의암 유인석의 의진(義陳)을 방문함.

1897년(64세) 2월에 가솔들을 이끌고 다시 불억산으로 들어감. 주자(朱子)·우암(尤庵)의 유상(遺像)을 서루(書樓)에 봉안하고, 아울러 화상찬(畫像贊)을 지음.

1898년(65세) 문인 윤헌(尹鐈)이 화상(畫像)을 그리자, 〈화상자경(畫像自警)〉을 지어 스스로를 경계함. 여름에 월악산을 유람하고, 〈월악산기(月岳山記)〉를 지음. 주자의 무이구곡시(武夷九曲詩)에 착안하여 용하구곡(用夏九曲)에 각자(刻字)함. 11월에 차손 유기의 관례를 행함.

1899년(66세) 매년 봄·가을에 개최되는 강회(講會)의 규정을 확정함. 여름에 선친의 유사(遺事)를 재차 수정함.

1901년(68세) 겨울에 〈세보서(世譜序)〉를 지음.

1902년(69세) 4월에 차손 유기를 곡함.

1903년(70세) 매일 이른 아침에 가묘(家廟)에 문안을 드리는 신알(晨謁)을 지속함.[5] 〈조종암지(朝宗巖誌)〉의 발문을 지음.

1904년(71세) 화양동(華陽洞)에서 강회(講會)를 개최함. 주저(主著)인 『계산문대(溪山問對)』를 저술하였음.

1905년(72세) 2월에 차자 형돈을 곡함. 5월에 증손(曾孫) 진석(鎭奭)을 봄. 본군(本郡)의 향약(鄕約)에서 향선생(鄕先生)으로 추천하였으나, 사양하고 나가지 않음.

---

5 박세화는 새벽에 집안 사당에 배알하는 의식인 "신알(晨謁)을 폐하지 않는" 이유를 이렇게 밝혀 두었다. 「年譜」, 〈癸卯條〉, 553면, "선생이 이르시기를, '예서[禮]에는 나이 칠순이 되면 후손이 받들어 잇게 한다.'는 설[傳重之說]이 있으나, 이는 부득이한 권도[權]에 해당한다. 아직 힘이 쓸 만하다면, 어찌 감히 전중(傳重)할 수 있겠는가?라고 하셨다. 선생은 매일 반드시 관대(冠帶) 차림으로 사당에 들렀고, 노년에 이르러서도 여전히 이 의식을 폐하지 않으셨다."(先生曰 禮有七十傳重之說, 此不得已權也, 力可以强則, 何敢傳也. 日必冠帶入廟, 至晚年猶不廢]

을사늑약(乙巳勒約)이 체결되었다는 소식을 접하고, 문경(聞慶) 산중에서 문인들과 의거(義擧)를 모의하던 중에 현병(眩病)으로 중단함. 9월에 이 거사(擧事)가 밀고되어 문경서(聞慶署)에 구속되었고, 다시 한성(漢城) 사령부로 이송됨. 10월에 손자 선기(璿基)가 출생함.

1906년(73세) 4월에 7개월간의 감옥살이에서 풀려나 월악산 불억산으로 돌아옴.

1907년(74세) 예천(醴泉) 건학산(乾鶴山) 산중으로 이거함.

1909년(76세) 설성읍(雪城邑)[음성군] 창동(昌洞)[창골]으로 이거함. 조선을 떠나 서간도(西間島)로 향할 계획을 세웠으나, 중국 내부 사정으로 포기하고 다시 창동으로 돌아옴.

1910년(77세) 여름에 다시 구고(舊稿)를 산정(刪定)하기 시작함.[6] 7월 27일에 창동 이장(里長)으로부터 경술합병(庚戌合倂) 소식을 접하고, 8월 1일부터 단식(斷食)[절립(絶粒)]에 착수하였음. 우여곡절을 거친 끝에 8월 6일부터 다시 단식을 시작한 이래로 23일 만인 8월 28일에 설성읍 창동정사(昌洞精舍)에서 순도(殉道)하였음. 이 기간 동안에 단식이 진행되는 추이를 자세히 기술하고, 또한 문인들과 내알객(來謁客) 등을 대상으로 한 강론(講論) 및 대화 내용을 차후에 채록(採錄)하여 편집한 저술이 바로 『창동일기(昌東日記)』혹은 『자정록(自靖錄)』임. 박세화는 1962년 정부로부터 건국훈장 독립장이 추서되었으며,

---

6　이에 앞서 박세화는 74세에 잠시 "예천(醴泉)의 건학산(乾鶴山) 산중으로 이거"(移居于醴泉乾鶴山)했을 적에도 전에 써둔 "구고(舊稿)를 깔끔히 정리[梳洗]한" 사실이 있다. 「年譜」, 〈丁未條〉, 556면, "山益邃 而過者少. 先生日復硏精梳洗舊稿, 有新得則, 雖夜必命燭書之."

묘소는 대전국립현충원에 안장되어 있다.

찾아보기

역주 | 김종수

1963년 경남 하동 출생
1986년 부산대학교 사범대 윤리교육과 졸업
1988년 구 한국정신문화연구원 한국학대학원 석사, 동 대학원 박사 수료
성균관대학교 대학원 한국철학과에서 박사학위 취득
성균관대 · 인천교대 · 청주교대 · 한국교원대 · 한국교통대 · 한양대 등에서 강의
현재 세명대 교양학부 강의교수, 한국학중앙연구원 객원연구원

우수저작상(학술부분) (한국간행물윤리위원회, 2010)
제5회 선리연구원 학술상 (한국불교선리연구원, 2011)

저서 『서계 박세당의 연행록 연구』(혜안, 2010)
역서 『국역 서계연록』(혜안, 2010)
공저 『의림지유산과 농경문화』(제천문화원, 2013)

의당 박세화의 단식 순도일기
『창동일기(昌東日記)』

김 종 수 역주

2014년 6월 7일 초판 1쇄 발행

펴낸이 · 오일주
펴낸곳 · 도서출판 혜안
등록번호 · 제22-471호
등록일자 · 1993년 7월 30일

주   소 · ⑦ 121-836 서울시 마포구 서교동 326-26번지 102호
전   화 · 3141-3711~2 / 팩시밀리 · 3141-3710
E-Mail · hyeanpub@hanmail.net

ISBN 978-89-8494-503-6 93910

값 18,000원